Glück und Glas

Für
Maria Schrichter,
sehr herzlich,
Catarina Carsten

Salzburg
22. April
2004

Kultur [*Land* Salzburg]

Verlag: EDITION DOPPELPUNKT, Wien 2004
Druck: ARCUS, 1050 Wien
Umschlaggestaltung:
Patrick Schock mit einem Bild von Hadé Müller
Alle Rechte vorbehalten
ISBN: 3-85273-158-5

Catarina Carsten

Glück und Glas
Lebendige Erinnerung

Meinem Großvater

EDITION DOPPELPUNKT

*Wenn man älter wird und schreibt von f r ü h e r,
denken manche Leser: ach ja - nun kommt die Vergangenheit dran. In der Gegenwart ist nichts mehr los, von der Zukunft zu schweigen.*

*Von wegen -
Das mit den Jahren wachsende Er-innern ist eines der überraschendsten Abenteuer, das es zu bestehen gilt.
Schon dafür lohnt es sich, älter zu werden.
Man kann es nicht herbeizwingen, muss warten, bis seine Zeit kommt, darf nichts „machen", wollen, muss ehrlich sein.
Der Augenblick kommt, in dem man mit Sicherheit weiß: so war es, so war es.
Das lang Vergessene-Unvergessene taucht auf, ist.*

*Jetzt erst darf man, kann man zu schreiben versuchen, tut es oft unter einem Zwang, der nicht zu erklären ist. Mit einem Gedicht habe ich auf eine bestürzende Weise so eine Erfahrung gemacht.
Es gehört meinem Großvater, dem Buchhändler und Rosenzüchter, den ich liebte und liebe. Es muss mich beschäftigt haben durch die Jahrzehnte. Es hat fast ein halbes Jahrhundert gedauert, bis ich eines Tages ohne jeden erkennbaren äußeren Anlass, das Gedicht schreiben konnte, das ihm gehört.*

Meinem Großvater

Die Mauern sind tot,
sind nichts als Stein.
Sie waren einst rot:
hier wuchs der Wein.

Im Keller das Flaschengrün,
staubverstummt.
Kein Gären, kein Ziehn,
die Stille summt.

Die Bücher, aufgeschwärmt
in Baum und Strauch,
haben noch einmal gewärmt
mit Feuer und Rauch.

Der Garten, ausgeträumt,
die Beete leer -
wenn sich alles auf Abschied reimt,
reimt sich nichts mehr.

Wo uns nichts mehr trifft,
holt es uns ein:
ein Gesicht, ein Gedicht
zwischen Rosen und Wein.

Am Zu-Fall dieses Gedichts habe ich erkannt,
wie lebendig er-innerte Vergangenheit werden
und was sie uns bedeuten kann.

„Niemand soll sagen,
dass die Vergangenheit völlig vorbei ist.
Das Jetzt ist nur ein
kleiner Ausschnitt der Zeit."

Aus einem Gedicht der Aborigines

„Und was man ist,
das blieb man anderen schuldig"

Goethe

Davor

Bevor ich an jenem Abend las, sah ich noch einmal auf und staunte.
Die Papierblume, die ein Kind mir geschenkt hat - sie soll Glück bringen - lag unverändert neben Büchern und Manuskripten.
Aber was war mit dem Publikum?
Der Professor der Germanistik, der von jedem Dichter alles weiß, saß nicht mehr in der zweiten Reihe. Auch seine Jünger nicht, weiter hinten, die ihre Weltanschauung mit prächtigen schulterlangen Mähnen oder buddhistischen Glatzen demonstrierten und ihre Zigaretten nicht mal für die Dauer einer Lesung in der Tasche lassen konnten. Auch die alte Dame ist nicht mehr da, die so viel Mühe mit den modernen Gedichten hat, weil sie sich nicht mehr reimen.
All die vielen anderen sind verschwunden, diese Gemeinschaft auf Zeit, die man Publikum nennt, die ich nicht kenne, die mich nicht kennen - alles wie im Nebel.
Nur an einigen Stellen lichtet er sich. Die dort sitzen, dürften eigentlich gar nicht dort sitzen, weil sie schon lange tot sind.

Sie kümmern sich nicht darum. Sie sind da.
In der ersten Reihe sitzt mein Großvater. Er sitzt nicht dort, weil er anmaßend wäre, sondern weil er mich sehen will. Genau sehen will. Er blinzelt mir zu: wir beide.
Und was wäre ich ohne die vielen Bücher aus seinen Buchgeschäften und ohne seinen selbstgezogenen Wein? Ich hätte keinen Geschmack.

Er hat meine Aufsätze gelesen während der Schulzeit. Ich sehe ihn, wie er liest, langsam und gründlich, wie er das Heft zuklappt, die Brille hochschiebt, mich ansieht.
„In d i e Richtung?"
Ich zucke mit den Schultern. Er schiebt mir das Heft hin und sagt:
„Du wirst keine Wahl haben."
Das habe ich lange nicht verstanden.

Der andere Großvater sitzt ganz weit hinten. Er traut sich nicht vor in seinem Leinenhemd und der Strickweste, obwohl ich ihm schon ein paar Mal aufmunternd zugenickt habe. Er hebt die Hand, winkt mir ein bisschen zu, winkt mir ein bisschen ab.

Wenn er morgens aus dem Stall kam, ging er weiter, in den großen Gemüsegarten hinter dem Haus, zog etwas aus der Erde, ging in den Blumengarten, schnitt etwas ab.
Wenn ich herunterkam, das Stadtkind, stand er in der Küchentür, beide Hände auf dem Rücken.
„Rechts oder links?"
Mit der linken Hand zauberte er eine Rose hinter dem Rücken hervor, an der noch der Tau hing, mit der Rechten eine Karotte, von der er alle Erde sorgfältig abgewaschen hatte. Eine frische Karotte

brachte er täglich, eine frische Rose erst, wenn die frühere verwelkt war.

Er ging immer mit zum Bahnhof, wenn die Ferien zu Ende waren, trug die Koffer. Wenn der Zug anfuhr, kramte er umständlich in der Tasche seiner Joppe. Das Tuch, das er herauszog, mit dem er winkte, lange winkte, war aus Baumwolle mit großen aufgedruckten Rosen.

Seine hellen Augen sahen uns nach, waren oft ganz woanders.

Er hatte „das Gesicht", sah Ereignisse an weit entfernten Orten voraus. Er hat sich nie geirrt. Sein Leben, das er freiwillig beendete, war so schwer wie sein Tod.

Der Onkel und die Tante aus der Mark Brandenburg sitzen in der dritten Reihe, er lächelnd und kritisch, sie lächelnd und liebevoll.

Er war Lehrer, spielte Geige, hängte alles an den Nagel als die schlechten Zeiten kamen und die überraschende Erbschaft in dem kleinen Ort mit der berühmten Wunderblutkirche.

Die Tante zuckte nicht mit der Wimper, band eine Schürze um, vergaß die Stadt und die väterlichen Buchgeschäfte, ging hinter den Ladentisch und verkaufte Peitschenschnüre, Lakritze und Kernseife, aber auch Feineres wie Kaffee und Tee, Schokolade, Mandeln und Rosinen.

„Schreib", sagte sie zu mir, wenn wir in der Sommerlaube im Hof saßen, „ich wollte es immer, aber ..." sie wies auf die Haustür, hinter der der Laden lag.

„Lass die Finger davon", warnte der Onkel, „meinst du, du kannst das Gesindel mit deinem Geschreibsel rühren? Das klatscht, geht nach Hause, kaut Kartoffelsalat und Wurst und lässt dich mit deinen Gedichten verrecken. Nicht die Butter auf's Brot

kannst du dir dafür kaufen. Komm, ich zeig dir, wie man anständig Schuhe putzt. Morgen ist Sonntag, so kannst du dich bei uns nicht sehen lassen. Nicht mal auf dem Fohlenmarkt."
Und er nahm mich mit in den Hausflur, wo das Schuhputzzeug in einem Regal stand.
„Nicht so dick auftragen. Wenig macht viel. Und dann nicht so wild drauflos. Ganz leicht und mühelos. Das kann man lernen. Siehst du: so, das gibt den Glanz."
Und er führte die Bürste über das Leder wie einen Geigenbogen.

Meine Religionslehrer in der dritten und fünften Reihe, denn natürlich haben sie sich nicht zusammengesetzt, weil sie sich nicht kennen. Und wenn sie sich gekannt hätten, hätten sie sich noch weiter auseinandergesetzt. Herr Schäfer, ausgerechnet Schäfer, aber der trug seinen Namen zu Recht, war kein Bock im Weingarten des Herrn, führte seine Herde von sechsjährigen Erstklässlern wie ein guter Hirte.
Herr Schäfer, der mich in seinem Unterricht Geschichten erzählen ließ, erfundene, Herr Schäfer, der bei meinem Vater erschien:
„Das Kind muss zum Rundfunk, es erzählt Geschichten, Geschichten, sage ich Ihnen, es erzählt das Blaue vom Himmel herunter ..."
„Ich weiß", sagte mein Vater, „und bei aller Wertschätzung für Sie, aber das Kind kommt nicht zum Rundfunk, weil es ein Kind bleiben und kein Lackaffe werden soll."

Herr Zeidler, klein, fett und kahlköpfig, den ich nicht riechen konnte, der mich nicht riechen konnte, weil er meine Abneigung spürte. Außerdem war er drei

Köpfe kleiner als ich. Ich sah auf ihn herab. Herr Zeidler, der mir trotzdem zähneknirschend eine Eins ins Zeugnis schreiben musste. Ich habe viel bei ihm gelernt, was entfernt mit Religion zu tun hat, wie man nämlich eine Antipathie gerade so viel zeigt, dass sie keine Beleidigung wird.

Herr Schulz, groß und schlank. Aber der war zu überwältigend, als dass man versuchen könnte, ihn in einem Absatz zu beschreiben.

In der letzten Reihe sitzt die gute Anna. Sie hätte in die erste gehört, aber sie ist zu bescheiden. Die trug ihren Namen zu Recht.

In der Mitte und ganz hinten sitzen Freunde. Junge Mädchen, junge Männer, auch solche in den sogenannten besten Jahren und ältere.
Ich habe sie lange nicht gesehen, jahrzehntelang. Ein paar sind im Krieg gefallen, viele sind in den Bombennächten umgekommen, ein paar sind ausgewandert. Die anderen sind verschwunden, bei Nacht und Nebel, wie man sagt. Wurden abgeholt, in Autos, in Züge verladen, deportiert. Ich habe nie wieder von ihnen gehört. Die Gespräche mit ihnen sind unvergessen.

Es sind noch viele da, aber sie geben sich nicht zu erkennen.
Heute nicht.

In der Mitte sitzen mein Vater und meine Mutter. Sie lächeln mir zu. Ihr Lächeln wärmt und hält Distanz, gewährt mir meinen inneren Freiraum, den sie nie betreten haben, gibt mir Sicherheit durch das Vertrauen, das sie mir immer geschenkt haben.

Ich sehe sie an, alle.
Ich weiß, was ich ihnen schulde.
Ich weiß, worauf es ankommt.
Wir können anfangen.

Die Schusterkugel

Meta Plage war Schneiderin, hatte einen kleinen „Salon", brachte sich schlecht und recht durch. Meine Mutter ließ bei ihr nähen.
Meta Plage war klein und nicht ganz gerade gewachsen, kurzsichtig und lebenshungrig. Sie ist schon als Kind nie satt geworden.
Sie sagte: „Ich schneidere mich durchs Leben, mein Vater schustert sich durchs Leben. Ich gehe heute hin. Wollen Sie ihn nicht mal besuchen? Er hat fast nie Besuch. Vielleicht freut er sich."
Meine Mutter stimmte zu. ich durfte mit, zwei Jahre alt. Meine Mutter nahm mich auf den Arm.

Die Werkstatt lag im Hinterhof eines heruntergekommenen Miethauses.
Sie roch nach Leder und hatte ein einziges trübes Fenster, durch das kaum Licht fiel. Das einzige Licht kam aus der gläsernen Schusterkugel, die über dem klobigen Tisch hing, den Schein einer Glühbirne auffing und reflektierte.
Schuster Plage legte den Schuh, den er gerade flicken wollte, auf den Boden. Er stand nicht auf und gab jedem von uns die Hand, auch mir. Es war eine lederharte Hand.
Immer wenn ich später in eine Schusterwerkstatt, in ein Taschengeschäft, einen Pferdestall kam, wo es nacn Leder roch, fiel mir die Hand ein. Auch der Wunsch nach einer Schusterkugel, die Helligkeit verbreitete. Der Mann sagte nichts. Als seine Tochter ihn etwas fragte, schüttelte er den Kopf, als wäre ihm im Elend seiner ärmlichen Werkstatt die Spra-

che abhanden gekommen. Er hieß Plage und so sah er aus. Fußboden, Decke und Wände seiner Werkstatt, alles war grau.
Meine Mutter sah ihn lange an und sagte nichts. Als wir gingen, drehte ich mich noch einmal um, sah alles, auch das zerfurchte Gesicht des Schusters im aufblinkenden Schein der Schusterkugel, dem einzigen Licht seines Werktags.

Jetzt lese i c h dir vor

Der Großvater liest mir vor. Er liest mir vor, so lange ich denken kann und noch länger. Märchen und Sagen, Gedichte. Er hat viele Bücher. Fast noch mehr als mein Vater. Der Großvater hat zwei Buchgeschäfte.

Der Vater erzählt mir Geschichten aus einem Land, das Griechenland heißt. Seine Götter haben andere Namen. Sie heißen Apollon und Aphrodite. Hermes und Artemis. Ich lerne die Namen. Ich spreche sie andächtig aus.

„Das ist noch nichts für das Kind", sagt der Großvater. „Doch", sagt mein Vater. Ich bin stolz darauf, dass er „doch" sagt. Aber ich will den Großvater nicht kränken. Er liest mir vor, wenn er zu Besuch kommt. „Die Hasenschule", den „Struwwelpeter", „Max und Moritz". Ich bin drei Jahre alt und ein paar Monate. Ich höre gut zu.

„Noch drei Jahre und ein paar Monate", sagt der Großvater, „dann kannst du selber lesen."

Er hat mir gerade „Max und Moritz" vorgelesen. Jetzt greift er zum „Struwwelpeter". Ich nehme ihm das Buch aus der Hand und setze mich so aufrecht hin, wie er es tut, wenn er vorliest.

Ich schlage das Buch auf und sage: „Jetzt lese i c h dir vor."

Ohne weiter auf ihn zu achten, schaue ich auf den Text und beginne: „Seht einmal, da steht er, pfui, der Struwwelpeter ..."

Ich lese sie alle: den „Bösen Friederich", der mit der Peitsche Mensch und Tier prügelt, bis ihn die gerechte Strafe trifft, das leichtsinnige Paulinchen, das

ganz und gar verbrennt, die schwarzen Buben, den wilden Jägersmann und den Daumenlutscher, den Hans Guck-in-die-Luft.
Nicht zu vergessen den Suppenkaspar, den Zappelphilipp und den fliegenden Robert.
Den Schluss, „wohin ihn der Wind getragen, ja, das weiß kein Mensch zu sagen" lese ich so langsam, wie es der Großvater auch immer tut, wenn eine Geschichte zu Ende geht.
Ich klappe das Buch zu und lege es auf den Tisch.
Der Großvater sieht mich an, wie er mich noch nie angesehen hat.
„Tatsächlich", sagt er, „tatsächlich. Aber ... wie hast du das gemacht? Du hast immer genau an der richtigen Stelle umgeblättert."
„Ich weiß doch, was da steht", sage ich.
„Aber ... du kannst doch noch gar nicht lesen."
„Aber du hast es doch gehört."
Er sieht mich immer noch an und sagt:
„Ja ... ich habe es gehört."

„Denn nich"

In diesem Winter, ich war vier Jahre alt, hatten wir einen Gast, der gar nicht wieder abfahren wollte, so gut gefiel es ihm bei uns.
Hannchen Maier aus Sachsen.
Einen Monat lang hatte ich das erste und dickste Sächsisch meines Lebens gehört.
Hannchen Maier legte Wert darauf, „Fräulein Maier" angeredet zu werden. Sie arbeitete in einer kleinen Pension in der Nähe von Dresden. Ein Familienbetrieb. Im Grunde ihres Gemüts war Hannchen Maier, eine resolute Endvierzigerin, eine optimistische Natur. Ihr oft geäußerter Leibspruch war „Dees wär ma scho hingrieschen." Und sie kriegte es hin. Nur auf den Familienbetrieb war sie nicht gut zu sprechen. Sie fühlte sich überarbeitet, ausgenützt, schlecht bezahlt.
Meine Mutter hatte sie auf einer Reise kennen gelernt, und Hannchen Maier hatte ihr im Zug alles erzählt.
Meine Mutter war so gutherzig und so leichtsinnig, ihr „ein paar Tage Berlin" anzubieten. Kurz darauf hatte Hannchen Maier ihren Besuch angekündigt. Obwohl wir ihre Geschichte und die des Familienbetriebs sattsam kannten, erzählte sie sie immer wieder, fast im gleichen Wortlaut. Auch das Ende war immer die gleiche Drohung, auf die ich mit Spannung wartete:
„Und wissen Se, wenn des nich anders würd, was ich denn sach? Denn sach ich: 'Denn nich - behalt euern Dräg alleene.' "

Eines Tages kam ein Telegramm, in dem sie drin-

gend ersucht wurde, sofort zurückzukommen.
Grollend reiste sie ab.
Wenig später kam ein Gast zum Abendessen, ein Vorgesetzter meines Vaters, „ein „hohes Tier", wie er sagte.
Ich hatte mir etwas Ähnliches wie eine Giraffe vorgestellt und war enttäuscht.
Der Mann war klein, rundlich, glatt rasiert und roch nach irgendetwas Süßlichem, das ich nicht mochte.
Er hatte aber einen großen Karton unter dem Arm.
Den machte er langsam auf, holte etwas heraus und stellte es auf den kleinen Tisch vor den Ledersesseln.
„Wie reizend", sagte meine Mutter.
Ich war atemlos vor Freude: eine weiße Badewanne mit einem echten Abfluss und einem goldenen Hahn, an dem ein kleiner Eimer hing. In der Badewanne saß eine Puppe mit hochaufgebundener Badefrisur und einem rotweiß geringelten Badeanzug.
Meine Mutter sah mich aufmunternd an. Ich wusste, was von mir erwartet wurde, aber ich konnte nicht. Das Herz klopfte mir bis in den Hals.
Ich berührte den kleinen goldenen Hahn so vorsichtig, als könnte das Gold abgehen.
„Sag danke", flüsterte meine Mutter.
Mein Vater sah das hohe Tier mit einem Blick an, der um Verständnis bat. Aber der Herr schien keins zu haben. Vielleicht hatte er auch keine Kinder.
Jedenfalls nahm er mit gespielter Scherzhaftigkeit den Deckel und senkte ihn langsam über Badewanne und Puppe.
„Sag danke", bat meine Mutter inständig. Dem Herrn schien das alles zu lange zu dauern. Er sah mich an und erklärte:

„Ja - bedanken muss man sich schon, sonst ..." er machte eine inhaltschwere Pause. In diese hinein sagte ich laut und deutlich und im dicksten Sächsisch:
„Denn nich - denn behalt dein Dräg alleene."
Mein Vater erstarrte.
Meine Mutter ging schnell aus dem Zimmer. Ich lief ihr nach und fand sie im Schlafzimmer. Sie saß auf dem Bett und lachte, wie ich sie noch nicht lachen gehört hatte. Sie nahm mich auf den Schoß, hielt mich in den Armen und lachte, dass es sie schüttelte - und mich mit.

Robert Nagel

Auf dem weißen Emailschild über dem Laden konnte man es lesen: Robert Nagel / Feinkost.
Ich konnte damals noch nicht lesen, denn ich ging noch nicht zur Schule. Aber wer Robert Nagel war, das wusste ich, und was er in seinem Laden verkaufte, das wusste ich auch. Den Geruch, nein, den Duft des Ladens beschreiben zu wollen, ist vergeblich. Es schienen tausend Düfte in einem zu sein.
Der Kaffee war es vor allem, von dem Robert Nagel viele Sorten anbot. Große helle Bohnen, kleine glänzend schwarze. Von einem Gehilfen, den ich beneidete, ließ er den Kaffee immer frisch mahlen. Auf langen hölzernen Regalen standen Zuckerhüte, in blaues Papier gehüllt, wie die Orgelpfeifen aufgereiht, der größte fast so groß wie ich, der kleinste ein Zwerg, zwei Handbreit hoch. Außer rohem Fleisch gab es in Robert Nagels Laden alles, was in eine gute Küche gehörte.

Mit vier Jahren verübte ich meinen ersten und letzten Diebstahl. In Nähe des großen Schaufensters stand eine Reihe von offenen Kästen, angefüllt mit Nüssen, gedörrten Zwetschgen und Apfelringen, Aprikosen und Rosinen. Es gab mehrere Sorten: kleine schwärzliche Korinthen, rötliche Rosinen und im letzten Kasten helle Rosinen, dreimal so groß wie die gewöhnlichen. „Sultaninen", belehrte mich Herr Nagel.
Die Mutter hatte eine lange Einkaufsliste an diesem Tag. Ich ging in dem Laden auf und ab, kam in die Nähe der offenen Kästen und schob mich, die Hände auf dem Rücken und das Gesicht zum Ladentisch, langsam an die Sultaninen heran.

Her Nagel war gerade beschäftigt, Kaffee zu mahlen, weil der Gehilfe Ausgang hatte. Ich griff rücklings mit beiden Händen in die Sultaninen, zog die Hände blitzschnell vor und steckte sie in die Manteltaschen.

Daheim, in meinem Zimmer, verspeiste ich sie. Sie waren sehr süß. Dabei hatte ich ein eigenartiges Gefühl. Das eines Sieges und das einer Niederlage.
Am anderen Tag fragte mich die Mutter: „Traust du dich wohl schon, allein einkaufen zu gehen? Ich habe etwas vergessen."
Ich nickte stolz, nahm den Zettel, auf dem das Vergessene stand und den Geldbeutel und machte mich auf den Weg. Es waren nur fünf Minuten zu Fuß.
Herr Nagel empfing mich freundlich. Er nahm den Zettel entgegen, packte das Vergessene ein, ließ sich den Geldbeutel geben, wechselte und legte die Rechnung dazu, „damit alles seine Ordnung hat", wie er sagte. Dann kam er hinter dem Ladentisch hervor.
„Und das, kleines Fräulein", sagte er und lächelte freundlich, „ist für dich."
Er gab mir ein spitzes blaues Tütchen, gut verschlossen. Auf der Straße machte ich es auf.
Es war bis an den Rand mit Sultaninen gefüllt.

Winter ade

Ein Schulzimmer. In der Witzleben-Grundschule in Charlottenburg, ein rotes Backsteingebäude aus den Anfängen des 20. Jahrhunderts.
Ich habe mir die letzte Bank an der Fensterseite ausgesucht. Es ist mein erstes Schuljahr. Ostern sind wir eingeschult worden. Das liegt ein paar Wochen zurück.
Vor dem Katheder steht unser Lehrer, Erich Heun. Er will mit seinen dreißig Erstklässlern ein Lied lernen. Er hat eine schöne kräftige Stimme. Sie ist nicht zu überhören.
Durch die schmierigen Fenster fällt ein trübes Morgenlicht. Auf den Dächern der gegenüberliegenden Häuser liegt noch etwas Schnee.
Lehrer Heun spricht uns den Text vor:

Winter ade,
scheiden tut weh.
Aber dein Scheiden macht,
dass mir das Herze lacht.
Winter ade,
scheiden tut weh.

Die Melodie ist ganz einfach. Es dauert nicht lange, da singen wir alle mit.
Die zweite Strophe: Anfang und Ende sind gleich. In der Mitte heißt es:

Gehst du nicht bald. nach Haus,
lacht dich der Kuckuck aus.

Herr Heun ist zufrieden.
„Und von vorn."

Ich starre durch die Fenster auf die Dächer mit dem mageren Schneepelz. Er wird in der Mittagssonne schmelzen. Der Winter ist arm und krank. Und uns soll das Herz lachen? Bis er wiederkommt zu Weihnachten, das ist eine Ewigkeit hin. Und wie haben sich alle gefreut, als die ersten Flocken im November vom Himmel fielen. Es ist nicht recht, dass uns das Herz lacht. Ich habe Mitleid mit dem Winter. Es brennt in den Augen, der Hals wird eng, die Tränen laufen mir über das Gesicht.

Meine Nachbarin sieht mich an, hört auf zu singen, ruft laut: „Die weint!"

Andere drehen sich um, „die weint!" Fangen an zu lachen, keiner singt mehr, alle lachen, während ich mir zornig die Tränen abwische.

Herr Heun ruft laut: „Ruhe!"

Er kommt zu meiner Bank und sieht mich an. Ich habe immer noch Tränen in den Augen, aber ich sehe ihn auch an. Es ist ganz still.

Herr Heun geht wieder nach vorn, ordnet ein paar Blätter auf dem Katheder, dreht sich zu seiner Klasse um.

Er sagt leise und deutlich: „Das ist nicht zum Lachen." Die Schulglocke läutet und beendet die Stunde.

Wir haben das Lied nicht mehr gesungen.

Links

Da ist es wieder. Das Gefühl, das von der linken Hand bis ins Schädelinnere reicht.
Der Griffel in der linken Hand, die Schiefertafel, schwarz mit dünnen roten Linien, die Hand, Kinderhand, die sich müht, die Buchstaben zwischen die Linien zu. kratzen.
Es gelingt.
Das große A stößt mit der Spitze an die obere Linie, mit den beiden „Füßen" an die untere. Das Kind ist stolz. Das nächste A, denn es müssen viele sein, eine ganze Tafel voll.
Der Griffel wird ihm aus der Hand genommen. Der Lehrer, klein, rundlich, freundlich, drückt ihm den Griffel in die andere Hand.
„Man schreibt mit der rechten Hand."
Er geht wieder nach vorn zu seinem Pult.
Das Kind versucht es. Die Hand ist ihm so fremd, als gehörte sie nicht zu ihm. Die Buchstaben werden zitterig, schief, schießen über die roten Linien hinaus oder erreichen sie nicht. Das Schreiben verursacht ihm körperlichen Widerwillen, Übelkeit. Heimlich nimmt es den Griffel wieder in die linke Hand, fühlt sich wohl, schreibt schöne, gerade Buchstaben.
Bis ihm der Griffel aus der Hand gerissen wird.
„Hab - ich - dir - nicht - gesagt ...!"
Der Schnauzbart des Lehrers zittert, seine hellen Augen sprühen Blitze. Er packt das Kind am Kinn und schüttelt es, dass die Haare fliegen, schüttelt es wie einen Hund.
„Man - schreibt - mit - der - rech - ten - Hand, man schreibt - mit - der - rech - ten - Hand!"

Ein einziges Mal hat das Kind es noch versucht. Diesmal gab es Schläge mit dem Lineal, zehn. Auf die ausgestreckte linke Hand. An diesem Tag hätte es den Griffel mit der linken Hand nicht halten können.

Das Kind lernte, rechts zu schreiben. Mit der Zeit verlor sich das Gefühl von Widerwillen und Übelkeit. Auch das leise Ziehen im Schädelinnern blieb aus.

Es schrieb mit der rechten Hand. Bei allen anderen Tätigkeiten aber, ob mit Messer oder Schere, mit Nadel, Gabel, Löffel, Hammer oder Zange, blieb es ein Linkshänder.

Als der Lack ab war

Mein Vater hat mich nie geschlagen.
Aber meine Mutter schrieb „eine gute Handschrift". Als ich erwachsen war und die Zusammenhänge kannte, wusste ich, dass sie nur weitergegeben hatte, was ihr als Kind widerfahren war. Denn die Großeltern hatten sich an die Empfehlung gehalten, „wer seinen Sohn liebt, den züchtigt er". Und was für die fünf Söhne galt, galt auch für die fünf Töchter.
Meine Mutter schlug mich nicht, weil sie unbeherrscht gewesen wäre, weil ihr „die Hand ausgerutscht" wäre, sie schlug zu, weil sie Schläge für ein Erziehungsmittel hielt. Und sie wollte mich gut erziehen. Wenn ich bei den Schulaufgaben aus lauter Zerstreutheit das Wort „Brief" zum dritten Mal ohne „e" schrieb, waren Prügel fällig. Meist mit dem Ausklopfer. Wenn ich bockig war, weinte ich keine Träne und gab keinen Laut von mir. Wenn aber die Zeit nahe war, in der mein Vater aus der Bank nach Hause kam, weinte ich laut und ausdauernd, weil er mit- oder nacherleben sollte, was für ein Martyrium ich erleiden musste.
Später stand ich mit dem Ohr an der Tür seines Arbeitszimmers, hörte die erregten Auseinandersetzungen, die Anschuldigungen meiner Mutter und die Entgegnungen meines Vaters. Er verabscheute Schläge.

Ich war knapp sieben Jahre alt, als ich beschloss, mich zu rächen.
Ich hatte wieder eine Tracht Prügel bezogen, mei-

ne Mutter war in die Küche gegangen. Ich saß allein im Kinderzimmer und wusste, dass sie nicht so bald kommen würde. Die Tränen liefen mir noch über das Gesicht, ich zitterte vor Wut und Empörung. Mein Blick fiel auf Annemarie. Sie war von den drei Puppen, die ich hatte, die größte und schönste. Ich zog sie aus, Mantel und Kleid, Schuhe und Strümpfe, auch Hemd und Hose, legte sie auf den Bauch auf mein Bett und drosch mit dem Ausklopfer auf den reglosen Puppenkörper ein. Je länger ich prügelte, umso leichter war mir zumute. Erst als mir die Arme lahm wurden, hörte ich auf. Die Puppe lag unverändert, war nur durch die heftigen Schläge tiefer in die Bettdecke gedrückt worden. Das vorher glänzend rosige Hinterteil sah schuppig aus, denn der Lack war abgesprungen und hatte große graue Flecken hinterlassen. Es sah hässlich aus, als hätte die Puppe die Räude.

Ich hatte nicht die Spur von Mitleid. Ich dachte: s o. Dann nahm ich die Puppe und stieß sie mit dem Fuß unters Bett, in den hintersten Winkel. Da sollte sie liegen bleiben, in alle Ewigkeit.

„Wo hast du eigentlich die Annemarie?" fragte meine Mutter zwei Tage später. Ich zuckte die Schultern und erfand eine Geschichte von einer Freundin, die die Puppe ausgeliehen hatte. Mein Vater sah mich aufmerksam an. Meine Mutter fragte nicht mehr.

Als ich, wieder zwei Tage später, aus der Schule kam, lag die Annemarie in ihrem Puppenbett. Es hatte neue Kissen und Decken, und die Annemarie trug ein weißes Hemd mit feinen Spitzen. Als ich sie aus dem Bett nahm, sah ich, dass Rücken und Hinterteil mit weißen Mullbinden bandagiert waren, und als ich sie abwickelte, kam ein großes rosa Pflaster zum Vorschein, das die Verletzungen

schützte. Ich wickelte die Mullbinden wieder um die Puppe und legte sie vorsichtig in das Bett zurück.
Es wurde nie darüber gesprochen.
Meine Mutter hat mich nie mehr geschlagen.

Frühes Opfer

Ich brachte keins.
Ich wurde eins.
Auf welchem Altar, das weiß ich bis heute nicht und werde es nie wissen.
Ich sah es den beiden Jungen an, die hinter den Phlox-Rabatten kauerten, musste den fußbreiten Gartenweg nehmen. Kein Entkommen.
Ich war sechs Jahre alt, die beiden Jungen vielleicht doppelt so alt. Ich hatte sie nie zuvor gesehen und habe sie auch nachher nicht mehr gesehen ...
Sie waren Riesen, und so brachen sie hinter den Büschen hervor und fielen über mich her. Sie schlugen mich mit Fäusten, wohin sie trafen, traten mich mit Füßen. Ich versuchte mich zu wehren, das spornte sie an, bis ich mich einfach fallen ließ, einrollte wie ein Igel, die Arme vor dem Gesicht.
Da hörten sie auf, rannten davon. Ich konnte lange nicht aufstehen.
„Was ist passiert?" schrie meine Mutter, als ich zurückkam in unser Ferienhaus, „wer hat das getan?"
Sie hat es nie erfahren.

Die schwarze Köchin

Warum fällt mir die schwarze Köchin immer wieder ein?
Warum ist sie schwarz?
Was hat sie uns zu essen gegeben?
Die Haut all unserer Kindermädchen und Köchinnen war weiß.
Warum bringt die Erinnerung an die schwarze Köchin Verunsicherung und Angst? Was hat sie in unseren Träumen zu suchen?
Oder sind gerade die Menschen, die uns in unseren ersten Lebensmonaten und -jahren behüten und schützen dazu ausersehen, auch die ersten Ängste in uns auszulösen?

Ist die schwarze Köchin da?
Ja, ja, ja.
Einmal musst du rummarschiern,
das zweite Mal den Kopf verliern,
das dritte Mal komm mit ...

Ich weiß es wie eben, dass mich bei der Aufforderung „komm mit" jedes Mal die kalte Angst packte, weiß, dass ich immer wieder mitgespielt habe, um die Angst zu überwinden - vergeblich.
Dass ich aber immer wieder, wenn das Lied auf der Straße oder im Garten erklang „Ist die schwarze Köchin da?", wenn ich gerufen wurde, hinunterzukommen und mitzuspielen, hinunterlief, um ihr wieder zu begegnen - um ihr zu entkommen.

Das Foto

Der Wind. Es ist der Wind, der fort trägt und zurückbringt. Es war der gleiche Wind, der wehte, als das Foto gemacht wurde. Vor mehr als einem halben Jahrhundert. Das Foto ist längst verloren, aber dieser warme Sommerwind bringt alles zurück.

Weißen Ostseestrand, die leicht bewegte blaugrüne See mit goldenen Lichtern. Lachen und Aufregung in der Sandburg: ein Foto, los, wir machen ein Bild. Mit einem Sprung ist das Kind auf den Schultern des Vaters, hält sich oben. Das ist nicht so einfach, denn die Haut des Vaters glänzt dunkel von Sonnenöl, riecht nach Nuss. Aber das Kind hat Sand an den Waden und Oberschenkeln, der hält fest.

Es legt die Hände auf den Kopf des Vaters. Der Wind zaust die Haare des Vaters, die kurze Mähne des Kindes.

Die Mutter, den Fotoapparat in der Hand, lacht.

„Wie ihr ausseht, wie zwei Auf- und Davonflieger im Wind. Achtung ..."

Der Vater lacht, das Kind lacht, es möchte auffahren, gen Himmel fahren vor Glück in diesem Ewigkeits-Augenblick.

Aber es weiß nichts davon.

Später wird es sich erinnern, wird die Toten zurückgewinnen. Unverlierbar.

Stallmeister

„Vater ist Stallmeister auf einem Gut", hatte Hilde, unser Hausmädchen, gesagt. Ich dachte lange über das Wort nach.
Hilde hatte den Beruf des Vaters wohl um eine Kragenweite zu groß bemessen.

„Stallmeister!" Er lachte, als ich ihn fragte und tippte mit dem Finger an die Stirn.

Er machte jede Arbeit, vom Waschen, Striegeln, Füttern, Tränken bis zum Ausmisten und Aufschütten.
Er war stolz auf seine Pferde, die ihm nicht gehörten, sondern „den Herrschaften".
Die Pferde in den geräumigen Boxen standen sich in Reihen zu je acht gegenüber .
Der Gang dazwischen war schmal. Ich duckte mich, wenn ich ihn passieren musste, die riesigen Köpfe über mir.
„Angsthase", sagte Hilde, aber das war es nicht. Ich spürte die Kraft, mit der die Tiere die Köpfe warfen, mit den Hufen gegen die Holzwände der Boxen schlugen. Ich sah das Weiße in ihren Augen, die schnaubenden Nüstern, hörte das Wiehern, das wie helle Schreie klang, huschte unter den Pferdeköpfen durch, ein Spießrutenlauf, der mich bis in meine Träume verfolgte. Ich spürte die Kraft der Pferde, auch wenn sie ganz still standen. Damals wurde der Wunsch wach, auf einem Pferderücken zu sitzen. (Es dauerte nur wenige Jahre, bis der Wunsch in Erfüllung ging.) Nach einer Woche ging

ich aufrecht durch den Gang, stand Kopf an Kopf mit den Pferden, schob Karotten und Falläpfel zwischen die Pferdelippen, die Finger flach ausgestreckt, wie der Stallmeister es mir gesagt hatte.
„Du musst mit ihnen sprechen."
Ich sprach mit ihnen.
Sie bewegten die Ohren.
Am Abend hörte ich, wie der Stallmeister zu Hilde sagte:
„Sie hat die Hand. Sie könnt' aufsitzen. Groß genug ist sie mit ihren zehn Jahren."
Hilde erlaubte es nicht. Wer wusste denn, ob ihre Herrschaften einverstanden wären. Und wenn was passierte? Sie hatte die Verantwortung. Der Stallmeister zuckte die Achseln. Man sah ihm an, dass er von den Herrschaften in der Stadt noch weniger hielt als von seinen Herrschaften auf einem Gutshof in der Nähe von Küstrin.

Ich hab den Namen des Gutes vergessen.
Nicht vergessen habe ich das Ferkel, den Säugling, den dreizehnten aus dem Wurf, der keinen Platz mehr fand an den Zitzen der Mutter, der zu verhungern drohte.
Ich durfte ihn aufziehen. Mit der Milchflasche, drei Ferienwochen lang.

Ich werde den Körper nie vergessen, weich und flaumig und marzipanrosa, den Duft, ein Duft nach Milch und Haut. Was die Menschen später aus dem Schwein machen, ist eine Schweinerei. Die Sauberkeit des Ferkels übertraf die aller Katzen und Hunde. Ich roch an der weichen Haut wie an einer Blume, sah dicht neben mir die himmelblauen Augen, die nach der Flasche schielten, hörte das glückliche Schmatzen und Glucksen, mit dem der Winzling die

Flasche leerte, mehrmals am Tag. Er wuchs.
„Der wird", sagte Hilde.
Drei Wochen lang, drei Augenblicke.
„Nanana -!" sagte Hilde, als ich Abschied nehmen musste. Ich weinte wütend.
Während der ganzen Heimfahrt sprach ich kein Wort.

„Ick find mir hübsch"

Hilde, unser Hausmädchen vom Land, stand vor dem Spiegel, wenn sie sich fein machte und musterte sich.

Sie schaut in den Spiegel und sagt:
„Ick find' mir hübsch."
Meine Mutter, die auf dem Flur vorbeigeht und durch die offene Tür gesehen hat, sagt:
„Mich."
Hilde dreht sich um und sagt freudig:
„Ihn' ooch, gnä' Frau."
Meine Mutter geht in Hildes Zimmer, setzt sich auf die Bettkante und sagt:
„Sie."
Hilde zieht die Stirn kraus:
„Also wat nu - Ihn' oder mir?"
Meine Mutter sagt langsam und deutlich: „Wenn S i e vor dem Spiegel stehen, Hilde, heißt es ‚ich find' m i c h hübsch'."
„Nich mir?"
„Nein."
„Iss jut."

Hilde lernte es mit der Zeit. Nur gelegentlich wurde sie rückfällig. Was sie nie lernte, war Zufriedenheit mit den Gaben, die ihr die Natur sonst noch verliehen hatte.
„Unjerecht", sagte sie, „ick hab Sektpullenbeene." (Zu Deutsch: Beine, die Champagnerflaschen ähnelten.) Sie schaute auf die Beine meiner Mutter und schwieg. Meine Mutter riet: „Tragen Sie dunkle

Strümpfe, Hilde, und achten Sie darauf, dass die Nähte gerade sitzen."
Von ihrem nächsten Einkauf brachte sie Hilde zwei Paar mit und legte sie auf ihr Bett. Hilde strahlte:
„Wenn ick Ihn' nich hätte, gnä Frau."
„Sie", sagte meine Mutter.
„Ach", sagte Hilde, „nu lassen Se's mal jut sein - es kommt ja von Herzen."

Als Hilde weggeheiratet wurde - alle unsere Mädchen wurden nach ein paar Jahren weggeheiratet, weil sie hübsch waren, weil sie tüchtig waren und weil sie gute Manieren hatten - sprach Hilde reines Hochdeutsch. Meine Mutter hatte nicht einmal Professor Higgins spielen müssen.
Das Beispiel hatte genügt.

Meine Mutter aber - jeder lernt von jedem - hat etwas von Hilde übernommen, was sie oft gut brauchen konnte.
In allen schwierigen Situationen, im Krieg, in einer völlig zerbombten Wohnung, in der Nachkriegszeit, wenn alles aussichtslos schien und andere durchdrehten, stand sie mitunter vor einem Spiegel, und wenn's nur ein Scherben in einem verbogenen Rahmen war, und sagte:
„Ick find' mir hübsch."

Au secours

In der vierten Klasse des Königin Luise-Gymnasiums. Untertertia nannte man das damals. Französisch stand als zweite Fremdsprache neben dem Englischen im Stundenplan. Latein und Italienisch waren zur freien Wahl.
Französisch also.
Wir kannten sie vom Sehen, die Oberstudienrätin Dr. Felizitas Diehl, klein, nervös, begeisternd. Ich habe sie nie hinter dem Katheder sitzen sehen. Sie stand vor der Klasse, die Augen hinter blitzenden Brillengläsern. Ihre Schritte auf dem Gang waren nicht zu überhören. Da stand sie.
„Bonjours Mesdemoiselles".
Unsere neuen Lehrbücher lagen vor uns auf den Tischen. Sie forderte uns auf, die Vokabeln aufzuschlagen, uns eine Vokabel einzuprägen, nur eine, die Bücher sofort wieder zu schließen.
Mein Blick fiel auf „au secours, Charles".
Dr. Diehl hatte schon angefangen, zu fragen, als ich plötzlich Zweifel hatte. Ich öffnete das Buch heimlich noch einmal und schloss es schnell.
„Au secours, Charles", sagte ich, als die Reihe an mich kam.
„Tres bien", Dr. Diehl sah mich an. Ihre Augengläser blitzten. Ich war sehr stolz und setzte eine lässige Miene auf. Wenn's weiter nichts war. Aber mir war nicht wohl.

Ein Jahr verging. Meine Leistungen in Französisch waren schwach. Dr. Diehl sah mich öfter prüfend an, als wollte sie sagen: „Was ist -?"

Aber sie sagte nichts.
Eines Tages besuchte uns eine Freundin, die viele Jahre in Paris gelebt hatte. Sie verwickelte mich in ein Gespräch. Auf Französisch.
„Gut", sagte sie, „schreib das mal auf."
Als sie es las, schüttelte sie den Kopf.
„Das ist ja verheerend. Das muss anders werden."
Von nun an kam sie täglich eine Stunde. Es wurde kein Wort Deutsch gesprochen. Ich musste deklinieren und konjugieren und schreiben, schreiben, schreiben. Und ich musste nicht nur wissen, w i e es hieß, sondern w a r u m es so hieß.

„Was ist los?" fragte Dr. Diehl, als mein Vierer zu einem Einser aufschnellte. Ich erzählte es ihr. Sie war begeistert.

Wieder ein Jahr später entschied ich mich für Französisch als Wahlfach im Abitur.
Ich sprach vor der Prüfungskommission eine gute Viertelstunde über „Notre Dame", eine Abhandlung von Victor Hugo. Dr. Diehl saß ganz gerade. Ihre Gläser blitzten. Zwischen ihr und dem Direktor saß eine Dame, dick, mit eigenartig vorgezogenen Schultern, verkniffenem Mund und Hornbrille. Es musste eine Vertreterin des Schulamtes sein, die als neutrale Beobachterin in der Prüfungskommission saß und im Allgemeinen nur Sitz und nicht Stimme hatte.
Diese nicht.
Mit einer Art Ausfallsbewegung beugte sie sich vor und fragte mich: „Haben Sie das auswendig gelernt?" Ihr Französisch war rapid und nicht halb so schön wie das von Dr. Diehl.
„Nein", sagte ich genau so schnell, „ich habe den Text von Victor Hugo gelesen. Das hat mich gefreut und interessiert."

„So", wiederholte sie, „das hat Sie gefreut und interessiert".

„Ja", sagte ich, „außerdem kenne ich die Kathedrale. Ich war schon in Paris."

„So", setzte sie den rhetorischen Schlagabtausch fort, „Sie waren schon in Paris." Das klang geradezu bösartig. Sie beugte sich noch weiter vor.

„Können Sie französische Zeitungen lesen?"

„Mit dem größten Vergnügen. Dr. Diehl hat uns oft genug französische Zeitungen mit in die Stunde gebracht. ‚Le Monde', ‚Paris Soir' "...

„Warten Sie ..." Die Dame machte ihre Mappe auf. Der Direktor sah auf seine Uhr und flüsterte ihr etwas zu. Die Dame schloss die Mappe und war beleidigt. Dr. Diehl sah so aus, als ob sie die Beendigung des Gesprächs bedauerte.

Ich war entlassen, lief den langen Gang entlang, hatte Flügel.

Plötzlich fiel es mir wieder ein.

„Au secours, Charles".

Was sollte das? Und warum gerade jetzt? Ich hatte mir meinen Erfolg nicht ermogelt, sondern erarbeitet und verdient.

Hinter mir hörte ich eilige Schritte.

Dr. Diehl gab mir die Hand. „Großartig. Ich gratuliere Ihnen."

Ich nickte und rührte mich nicht vom Fleck.

„Ist was?"

„Ja. Ich muss Ihnen etwas sagen. Ich dachte, ich hätte es vergessen. Aber eben ist es mir wieder eingefallen. Nach fünf Jahren. Und ausgerechnet heute."

Sie sah mich aufmerksam an.

„Das war in der ersten Französischstunde bei Ihnen. Wir sollten unsere Bücher öffnen, eine Vokabel kurz anschauen, das Buch schnell wieder zumachen."

Sie lächelte: „Au secours, Charles."
Ich starrte sie an.
„Sie wissen das?"
Sie nickte. „Ja, ich habe gesehen, wie Sie das Buch ein zweites Mal geöffnet und schnell wieder geschlossen haben. Und dann haben Sie die längste Antwort gegeben. Drei Wörter einer neuen Sprache. Und ich habe Sie gelobt. Stimmt's?"
Ich nickte verwirrt. „Sie haben ‚tres bien' gesagt. Ja, aber wenn Sie alles gesehen haben, warum haben Sie dann nicht ..."
Sie lächelte wieder. „Ich hatte Vertrauen zu Ihnen. Sie sahen so aus, als ob Sie darüber nachdenken würden. Und Sie sehen ja: ich habe mich nicht getäuscht."
Sie gab mir noch einmal die Hand: „Freuen wir uns beide über unseren Erfolg."
Ihre Schritte verklangen auf dem Flur. Sie drehte sich noch einmal um.
„Übrigens, ich wusste gar nicht, dass Sie schon in Paris waren."
„Ich auch nicht", rief ich. Wir lachten beide. Sie hob noch einmal die Hand.
Ich sah ihr nach.

Wie hast du's mit der Religion?

Eine Klasse mit siebzehnjährigen Obertertianerinnen. Das war schon die Oberstufe, der nur noch Unter- und Oberprima folgten. Dann das Abitur.

Herr Zeidler erteilte Religionsunterricht. Er war kahlköpfig, dick und langweilig. Er schwitzte viel. Nach einer einzigen Stunde bei ihm hatten wir etwas gegen alle Religionslehrer der Welt.
Man kann Schüler verärgern, kann sie reizen, in Wut bringen, das alles. Nur eins darf man nicht: sie langweilen.

Wir wünschten Herrn Zeidler zum Teufel.
Herr Zeidler wurde krank. Wir erfuhren nichts Näheres, wollten auch gar nichts wissen, hofften nur, dass es länger dauern werde.

Als an einem Montag Morgen schnelle Schritte auf dem Gang zu hören waren, die Tür aufging und ein Mann hereinkam, starrten wir ihn an, wie wenn nach endlos grauen Wolken plötzlich der Himmel aufreißt und die Sonne herausspringt.
Der Mann ließ uns wenig Zeit zum Starren. Er deutete eine Verbeugung an, sagte:
„Schulz - ich vertrete Herrn Zeidler."
Er trat mit zwei schnellen Schritten vor die Klasse.
„Was hatten wir denn Schönes in der letzten Religionsstunde?"
Wir saßen wie auf Blumendraht, starrten immer noch, sahen vermutlich sehr dümmlich aus.
Was pädagogischer Eros ist, hatten wir bisher nicht erfahren.

Es war eine merkwürdige Faszination, die von diesem Menschen ausging, eine Faszination, die herausfordete. Wozu?
Zu gespannter Aufmerksamkeit.
Das war kein Hokuspokus, keine Hexerei.
Herr Schulz tat nichts dergleichen. Er war die Distanz in Person. Eine Spur, nur eine winzige Spur von Herablassung war dabei, die nicht verletzte. Vielleicht so: „Dankt Gott auf den Knien, dass ich euch unterrichte?"
Wir waren, alle sechzehn, dazu bereit gewesen, ihm auf Knien zu danken - nicht Gott.

Eine Woche später.
„Was ist los?" fragte Oberstudienrätin Dr. Diehl, die vor der Religionsstunde Französisch unterrichtete. Wir mussten ausgesehen haben wie eine Festversammlung. Gut sitzende Kostüme, fesche Blusen, auffallende Kleider, auch ein paar eng anliegende Pullover.
Herr Schulz streifte das alles mit einem Blick, einem kaum merklichen Lächeln angesichts der hautnahen Pullover. Ich bin sicher, dass ihm nicht einmal Potiphar in den Sinn kam, so erhaben war er über diese leicht durchschaubaren Tricks sehr junger Mädchen.
Einmal fiel ihm ein Taschenspiegel aus der ersten Bank vor die Füße. Herr Schulz sah und hörte nichts.
Was war denn Besonderes an ihm? Dem Alter nach hätte er für uns ein Greis sein müssen, wir siebzehn, er nahe an fünfzig.
Er ging nicht, er federte. Auch seine Stimme klang so. Er konnte sagen, was er wollte: es wäre unmöglich gewesen, diese Stimme zu überhören. Alles an ihm schien zu vibrieren.

Einmal, ich täuschte mich nicht, sah ich die Luft um ihn in Bewegung, wie von unsichtbaren Energien getrieben.

Er hatte starke weißgraue Haare, die knapp am Kopf anlagen und Augen, die alles sahen, sich aber nicht anmerken ließen, dass sie es gesehen hatten. Augen von einem hellen Grau. Er war groß und sehr schlank und saß nie hinter dem Katheder. Er lief durch die Klasse, dozierte, hatte nie ein Buch, ein Papier, machte nie Notizen, blieb kurz stehen, hatte schon wieder kehrt gemacht, stand schon wieder vorn.

Auch seine Hände sprachen. Lange nervöse Hände.

Am Ringfinger der linken Hand trug er einen Ring mit einem blutroten Stein, den wir anstarrten wie ein Wunder. Wenn er in der Sonne aufblitzte, hielten wir ihn für einen Zauberring, an dem Herr Schulz nur zu drehen brauchte.

Wir liebten ihn alle mit der schwärmerischen Liebe unserer siebzehn Jahre, wären bereit gewesen, ihm auf bloßen Füßen nachzugehen, wenn's sein musste, ins Verderben.

Aber so weit hätte er es nie kommen lassen. Er hätte in seiner berühmt lässigen Pose, eine Hand in der Hosentasche, gesagt: „Ziehen Sie Ihre Schuhe an, meine Damen, und bleiben Sie, wo Sie sind."

Ich ertappte mich dabei, dass ich in seinen Stunden immer wie absichtslos ein Buch auf der Bank liegen hatte. Einmal Sappho, einmal Shakespeares Sonette, Goethes „Marienbader Elegie", Gedichte von Hesse und Carossa - - die Titel nach oben.

Er würdigte mich und meine Bücher keines Blicks.

Seine Hände waren trocken und warm. Woher ich das weiß? Er hat mir zweimal die Hand gegeben.

Herr Schulz, der für einen Religionslehrer viel zu gut aussah, der nicht nur bibelfest war, wie es sein Gesetz befahl, sondern Shakespeare, Voltaire, Beaudelaire, Proust, Shaw, Fontane und Tucholsky in den Unterricht verwob, auf eine Weise, die bei seiner vorgesetzten Dienststelle höchstes Befremden hervorgerufen hätte.
Herr Schulz, der trotz oder wegen seiner Passion für die Dichter und Götter auf den Boden der Wirklichkeit pochte, sehr notwendig für eine Schar siebzehnjähriger Obertertianerrinnen.
„Ich kannte mal eine Pfarrfrau", erzählte er beiläufig und mit einer jener lässigen Handbewegungen, die wir vergeblich nachzuahmen versuchten, „die las den ganzen Tag Gedichte, und in ihrem Garten fraßen die Schnecken und Raupen den Kohl."
Irrte ich mich?
Ich irrte mich nicht. Er sah mich an. Wir hätten ein Königreich gegeben für einen Blick aus seinen klugen Augen.
Diesmal nicht.
Ich gab den Blick andauernd und trotzig zurück, wild entschlossen, Kunst und Kohl unter einen Hut zu bringen, ein Entschluss, den ich noch büßen sollte.
Ich hielt den Blick länger aus als er. Jedenfalls bildete ich mir das ein.
Er lächelte kaum merklich, wandte sich ab, registrierte flüchtig einen Sonnenstrahl, der den Stein in seinem Ring blutrot aufleuchten ließ.
Ich biss mir auf die Lippen vor Wut.

Nach der Stunde verließ ich als erste das Klassenzimmer, rannte zwei Stockwerke hinunter, wartete auf ihn in dem dämmrigen Flur vor dem Lehrerzimmer.

„Ich muss Sie sprechen."

„Ja?"

„Sie behaupten, dass Kunst und Leben zweierlei sind."

Er nickte, wusste sofort, worum es ging. Es sah fast so aus, als hätte er mich erwartet.

„Das stimmt nicht."

„Nein?"

„Mein Großvater kann beides."

„Erzählen Sie mir von Ihrem Großvater."

„Jetzt? Hier ...?" Ich wurde unsicher.

„Natürlich. Wir haben große Pause. Zwanzig Minuten."

Vor dem Lehrerzimmer stand eine Bank. Er machte eine einladende Handbewegung. Wir setzten uns. Hunderte von Schülerinnen stürmten die Treppen herunter. Ich sah und hörte nichts.

Ich erzählte von meinem Großvater, seinen Buchgeschäften, die er im Alter aufgegeben hatte, seinem Garten, seinen berühmten Spalieren, an denen er Früchte zog wie aus Zaubergärten, seinem Wein, den er im Keller ansetzte, seinen Gedichten.

„Er arbeitet wie ein Gärtner und schreibt - verstehen Sie?"

Herr Schulz hatte längst verstanden.

„Sie sind eine Frau", sagte er.

Er sagte es mit Bewunderung und Trauer.

Ich starrte ihn an, er gab den Blick zurück, bewundernd und traurig.

Diesmal sah ich zuerst weg.

Das Glockenzeichen, hunderte von Schülerinnen, die die Treppen hinaufstürmten. Wir standen auf.

„Niemand kann zween Herren dienen." Ich hob

wieder trotzig den Kopf.
Er sagte: „Sie werden sich schwer tun."
Ich sagte: „Und wenn -"
Er lächelte und gab mir die Hand. Ich spüre die Berührung noch. Ich hatte das Gefühl, wie Wachs zu schmelzen.
Gleichzeitig spürte ich von innen eine Kraft, die mich zu sprengen drohte.
Er lächelte wieder, drehte sich um. Die Tür des Lehrerzimmers fiel hinter ihm zu.

Es ging auf den November zu.
„Und wer, meine Damen hält den Festvortrag zur Reformation?" Er blickte spöttisch auf fünfzehn in der Luft fuchtelnde Zeigefinger. Meiner fehlte.
„Sie nicht?"
„Doch", sagte ich, „ich weiß auch schon worüber."
Er war mit dem Thema „Martin Luther in seinen Briefen" einverstanden.
Er war auch mit dem Vortrag, den ich ihm drei Tage später brachte, einverstanden.
Nur nicht mit meiner Vortragsweise.

„Wie stellen Sie sich das vor? Glauben Sie, mit so einem melodischen Säuselwind von Stimme locken Sie einen Hund hinter dem Ofen hervor? Es geht um 600 Schülerinnen. Vom Lehrkörper ganz zu schweigen. Die schlafen Ihnen ein in den ersten fünf Minuten. Marsch, in die Aula."

Vorbei an den Gipsbüsten von Sophokles, Aristoteles, Euripides. Ich stand auf der Bühne hinter dem Rednerpult, allein mit Herrn Schulz, Herz und Stimme in den Knien, er, ganz weit hinten, an die Zentralheizung gelehnt.

„Schade um den schönen Vortrag. Ich verstehe kein Wort. Schreien Sie mal."
„Das kann ich nicht."
„Zum Donnerwetter!" schrie er und rannte nach vorn, „in drei Tagen verstehe ich jedes Komma, oder Sie lassen's bleiben."
„Soll ich brüllen? schrie ich.
„Na also", nickte er zufrieden, „na also. Sie sollen gar nicht brüllen. Sie sollen nur Ihre Möglichkeiten kennen lernen, um damit zu arbeiten, verstanden?"

Ich brüllte im elterlichen Badezimmer, dass meine Mutter zur Tür hereinsah.
„Ist was?"
„Ich übe!" schrie ich.
„Ich höre", sagte sie und machte die Tür zu.

Nach dem Vortrag, nach dem Applaus verbeugte sich Herr Schulz vor mir wie vor einem respektierten Partner. Diesmal hatte ich nur das Herz in den Knien.
Was er sagte, geht niemanden etwas an.
Es war ein einziger Satz, der mich verpflichtete.
Ein Leben lang.

Und weil er's nicht lassen konnte, fügte er hinzu:
„Verbeugen, verbeugen hätten wir noch ein bisschen üben müssen. Das war noch dürftig. Indessen ...", er winkte ab mit einer jener lässigen Handbewegungen.

Eines Tages kam er nicht wieder.

Herr Zeidler kam zurück, schnaufend und schwitzend.
„Wo waren Sie denn stehen geblieben?"

Hermes

Sie hieß wirklich so, nicht etwa mit dem Spitznamen, um den kein Schüler so leicht verlegen ist. Sie war klein, schlank, wendig, brauchte keine Flügel an den Füßen. Ihre Haut war braun, ihre Augen und Haare auch. Sie liebte Sonne, Wasser und Bewegung.
Wir liebten sie: Hermes, Sportlehrerin in unserem Gymnasium.
Wenn sie in der Turnhalle aus dem Schwung im Handstand über dem Barren stand, hielten wir die Luft an. Sie stand aufrecht wie eine Kerze. Ihre dicken braunen Haare lösten sich einmal auf, fielen in einer Sturzwelle nach unten. Hermes landete in einem eleganten Schwung, Zehenspitzen gestreckt, neben dem Barren, stand reglos, sah aus wie Schneewittchen ohne die sieben Zwerge. Dann steckte sie die Haare mit drei geschickten Griffen wieder fest und lächelte uns aufmunternd zu.
„Na -?"
Ich lernte es nie, liebte sie deshalb nicht weniger.
Sie war gerecht, geduldig, witzig, hilfsbereit, distanziert. Sie duzte weder Kollegen noch Schüler der Oberstufe, klopfte niemandem auf die Schulter. Wenn man sie brauchte, war sie da. Wer Schwierigkeiten hatte, ging zu Hermes. So wie der Götterbote die Schatten in die Unterwelt hineinführte, fand sie aus jeder Schwierigkeit heraus. Sie hatte immer Zeit.

Um Ostern stiegen wir ins Abitur, sechzehn an der Zahl. Die schriftlichen Prüfungen hatten wir schon hinter uns, einen Tag dauerten die mündlichen.

Es war üblich, dass die Abiturientinnen von den Schülerinnen der achten Klasse betreut wurden. Im nächsten Jahr waren sie dran.

Unser Klassenzimmer war ausgeräumt und mit gedeckten Tischen und Blumen festlich hergerichtet. Es gab Torten, Aufschnitt, Brötchen, dazu. Kaffee oder Tee, so viel wir wollten.
Die Nervösen aßen und tranken viel. Ich war nicht nervös, atmete auf, als ich endlich aufgerufen wurde, im Laufschritt den langen Gang hinunter, an dessen Ende der Prüfungssaal lag. Es ging so gut, dass einige Damen und Herren der Prüfungskommission unruhig wurden.
Ich weiß nicht mehr, wie lang das gedauert hat, nur, dass es mir zu kurz war.
Ich schloss die Tür, lief den langen Gang hinunter wie auf Wolken. Schon war ich in dem erregten Kreis, der sich um jeden schloss, der zurückkam.
„Gut gegangen?"
„Eins mit Stern", sagte ich und ließ mir eine große Tasse Kaffee eingießen.
Heute, dachte ich, kann dir nichts mehr passieren.

„Triumphtag ist Gefahrtag", sagt ein altes Wort. Ich kannte das Wort, aber heute hatte ich es vergessen. Es fiel mir ein, als Hermes die Tür öffnete. Es war schon am späten Nachmittag. Die Lichter brannten. Es roch noch immer nach frischem Tee und Kaffee. Wir waren alle „drin gewesen", manche zwei-, manche dreimal. Ich hielt mein Rennen für gelaufen. Als Hermes hereinkam, begriff ich, dass ich mich geirrt hatte. Ich wusste sofort, dass sie meinetwegen kam.
Sie sah mich an. Ich stand auf und ging zur Tür, wunderte mich. Weshalb kam sie, um mich zu holen?

Den ganzen Tag über war die nächste Kandidatin immer von der Schülerin aufgerufen worden, die aus dem Prüfungssaal kam.

Wir standen auf dem Gang, der mir plötzlich wie ein Gefängniskorridor erschien.
„Sie müssen noch einmal antreten", sagte sie. „Physik. Sie sollen Ihre Note verbessern."
Sie sah, dass ich blass wurde.
„Ist es sehr schlimm?"
„Ich habe keine Ahnung."
Sie holte tief Luft.
„Kommen Sie."
Wir gingen den langen Gang entlang, langsam. Meine Kniekehlen füllten sich mit Blei.
Hermes machte den rührenden Versuch, den Arm um meine Schultern zu legen. Weil sie klein war und ich groß, misslang der Versuch. Da legte sie den Arm einfach fest um meine Mitte und passte sich meinen langsamen Schritten an.
Von ihrem Griff ging eine ruhige Kraft aus, ging auf mich über. Ich richtete mich auf und ging schneller. Vor der Tür des Prüfungssaales blieben wir stehen.
„Sie werden sehen", sagte sie, „es geht gut. Und jetzt", ihre Stimme klang wie eines ihrer sicheren Kommandos beim Sport, „Rein!"

Sie machte die Tür auf und ließ mir den Vortritt. Die Luft im Saal war schlecht. Die Damen und Herren wirkten müde.
Der Professor für Physik sah mich an. Ich wusste um meinen „schwachen Dreier" und wäre mit ihm zufrieden gewesen, weil ich einen „schwachen Vierer" verdient hätte. Man schien es gut mit mir zu meinen, wollte mir eine Chance geben.
Ich zitterte. Es gab einen einzigen Abschnitt im gan-

zen Physikbuch, den ich in einem Anfall von Verzweiflung auswendig gelernt hatte, ohne viel zu verstehen über Elektrizität.

Der Professor sah mich noch immer an.
„Was wissen Sie denn -" er machte eine Pause und sah an die Deckenlampen, „was wissen Sie denn von der Elektrizität?"
Ich hatte richtig gehört.
Jetzt kam es nur noch darauf an, das Auswendiggelernte in andere Sätze zu verwandeln, denen man nicht anmerken durfte, dass ich sie nicht richtig verstanden hatte. Außerdem musste ich sehr langsam sprechen, denn unter zehn Minuten ließen sie keinen Kandidaten gehen. Ich sprach im Zeitlupentempo. Die Beisitzerin mit dem rapiden Französisch starrte mich an wie eine Erscheinung. Der Direktor hielt den Kopf geneigt und kritzelte auf einem Blatt Papier. Hermes wagte ich nicht anzusehen. Ich redete und redete, ängstlich darauf bedacht, keine Lücken für Fragen zu lassen. Dann wäre es aus gewesen.
Ich redete Ewigkeiten lang.
„Gut, gut", sagte der Professor, „aber könnten sie nicht ..."
Ich sah, wie der Direktor den Kopf hob, auf die Uhr sah, sagte: „Ich denke, Herr Kollege, es ist genug."
Ich sah Hermes an. Sie strahlte wie die aufgehende Sonne und nickte mir zu.

Ich war entlassen, schlich den Gang entlang, schon war ich in dem erregten Kreis, der sich um jeden schloss, der zurückkam.
„Schief gegangen?"
„Mit Bedenken drei minus", sagte ich und ließ mir eine große Tasse Kaffee eingießen. Ich hatte mich getäuscht. Später erfuhr ich, es sei „fast ein Gut"

gewesen. Das hatte ich nicht verdient.
Hermes hat nie ein Wort darüber gesagt. Ich wusste, dass ich ohne ihr sicheres Geleit, ihren Schutz, verloren hätte. Es gab auch nicht mehr viele Worte zu verlieren.
Die Schulzeit war zu Ende.
Als wir zum ersten Mal die große Vordertreppe hinuntergehen durften, die sonst nur die Lehrer benützten, war es zum letzten Mal.
Das schwere Portal schlug hinter uns zu. Ich machte, dass ich weiterkam, denn ich kämpfte mit den Tränen.

Die letzten drei Schuljahre, eben jene, in denen man freiwillig lernt, gehören zu den schönsten meines Lebens. Nicht, weil ich so gern gelernt hätte, sondern weil ich Menschen begegnet bin, die begeistern konnten, Menschen, an die ich heute noch mit Liebe, Bewunderung und Dankbarkeit denke.
Hermes war einer von ihnen.

Das Geheimnis

Das konnte nicht wahr sein. Ich starrte durch die Schaufensterscheibe der Buchhandlung. Was da an Romanen und Erzählungen zu sehen war, stammte aus unserer Zeit. Bekannte Namen.

Am Rand ein Taschenbuch. Ich lese den Titel und den Namen der Autorin immer wieder: Eugenie Marlitt, „Das Geheimnis der alten Mamsell".

Und knie schon in der Mansarde des weinbewachsenen Hauses am Boden, habe gerade ein schweres Buch in hochglänzendem Einband aus dem Regal gezogen, als es klopft. Der Großvater steht in der Tür.

„Kommst du zum Kaffee?"

Die Freundlichkeit seiner Stimme übertrifft noch die seines Gesichts. Das hat lächeln gelernt und geübt, je schwerer das Leben ihm fiel.

Er sah auf das Buch.

„Bitte, lies das jetzt noch nicht."

Ich stand auf, das Buch fest in den Händen.

„Warum?"

Er zögerte.

„Hat das was mit Sexualität zu tun?" fragte ich kühn. Doch, um diese Zeit war es kühn, wenn man mit knapp sechzehn Jahren seinem Großvater solche Fragen stellte. Er lachte.

„Nein. Ich möchte nur nicht, dass du dir den Stil verdirbst."

„Was weißt du von meinem Stil?" „Schließlich lese ich deine Aufsätze."

„Und diese Dame da?" Ich klopfte auf den Hochglanz-Einband.

„Pass auf", sagte mein Großvater und zitierte.
Ich lachte laut.
„Jetzt lachst du", sagte er, „ich hab auch etwas übertrieben. Wenn du's liest, das ist was anderes. Da gerät man ganz unmerklich hinein."
Ich schüttelte entschieden den Kopf.

„Wart ein bissel", bat er noch einmal, „ich meine", er sah sich um zwischen den Regalen mit tausenden von Büchern an allen Wänden und bis unter die Decke, „du hast natürlich Narrenfreiheit, wenn du hier in den Ferien residierst und kannst lesen, was du willst. Aber ... wart ein bissel."
„Wie lange?"
„Oh, ich denke nur an ein paar Jahrzehnte."
Wir lachten beide.
„Es ist mein voller Ernst", beteuerte er.
„Aber", wandte, ich ein, „dann kann ich ja nicht mehr mit dir darüber sprechen."
Er sagte: „Wer weiß -"
Die Großmutter rief zum Kaffee.
Ich stellte das Buch an seinen Platz und wir gingen die gewundene Holztreppe hinunter in die verglaste Veranda, die wie ein Vogelbauer über den Garten hing und in der es immer nach dem Bitter des Kaffees und dem Bitter der Geranien duftete.
Vier Jahre später rief mich ein Telegramm aus Ostpreußen zurück. Der Großvater war gestorben.

Da stand ich vor der Buchhandlung. Und dann ging ich hinein.
„Die Marlitt, bitte." Ein erstaunter Blick.
„Das Geheimnis der alten Mamsell?"
„Ja."
Mit dem hochglänzenden Einband war nichts mehr. Es war ein Taschenbuch.

„Wart ein bissel. Ich denke nur an ein paar Jahrzehnte."

Die waren immerhin inzwischen vergangen.

Daheim legte ich das Buch auf den Tisch.
Das Titelbild, eine weiß umflossene etwas unförmige Mädchengestalt vor einem grün-grünen Hintergrund, ist nach einem Gemälde von Berthe Morisot. Ich lese: „Die Autorin": Eugenie Marlitt, geboren am 5. Dezember 1825 in Arnstadt (Thüringen) studierte am Wiener Konservatorium Gesang. Anschließend trat sie als Sängerin in mehreren Städten auf, unter anderen in Leipzig und Wien. Ein Gehörschaden beendete ihre Karriere. Nach zehn Jahren als Vorleserin und Gesellschafterin, arbeitete sie ab 1863 als freie Schriftstellerin und wurde zu einer der meistgelesenen Autorinnen ihrer Zeit. In ihren spannenden und bewegenden Unterhaltungsromanen schildert sie Frauengestalten, die gegen Ungerechtigkeit, Standes- und Besitzunterschiede zu kämpfen haben und diese am Ende durch eine reiche Heirat überwinden können.

„Ich habe dieses Frauenzimmer immer bewundert", schrieb Gottfried Keller über sie.

Eugenie Marlitt starb am 22. Juni 1887 in Arnstadt.

Es ist ein dickes Taschenbuch. 313 Seiten. Ich lese.
Lerne auf Seite 8 die junge Frau des Taschenspielers Orlowsky kennen: „Sie war sehr schön, diese Frau, mit ihrem prächtigen blonden Haar und der imposanten Gestalt voll Adel und Anmut, aber das liebliche Gesicht war bleich ... und wenn sie die goldig bewimperten Lider hob, was nicht häufig geschah, da brach ein rührend sanfter aber tränenvoller Blick aus den dunkelgrauen Augensternen."

Ich habe die Stelle mit der Stimme des Großvaters gehört. Es war der Abschnitt, den er damals in der Mansarde zitiert hatte.
Ich lese auf Seite 14 die Sterbeszene eben jener Frau mit ihrem Mann, dem Taschenspieler.

„Meta, Meta, geh nicht von mir", rief er außer sich, „du bist das Licht auf meinem dunklen Weg. Du bist der Engel, der die Dornen meines verfemten Berufs sich ins Herz gestoßen hat, damit sie mich nicht mehr berühren sollen. Meta, wie soll ich leben, wenn du nicht mehr neben mir stehst mit dem behütenden Auge und dem Herzen voll unsäglicher Liebe? Wie soll ich leben, wenn ich deine Stimme nicht mehr höre, dein Lächeln nicht mehr sehe? Wie soll ich leben mit dem marternden Bewusstsein, dass ich dich an mich gerissen habe, um dich namenlos elend zu machen? Gott, Gott da droben, du kannst mich nicht in diese Hölle stoßen ... ich will erst sühnen, was ich an dir gefrevelt habe, Meta. Ich will für dich arbeiten, ehrlich arbeiten, bis mir das Blut unter den Nägeln hervorspringt - ich will arbeiten mit Hacke und Spaten ... Meta, bleibe bei mir, wir wollen ein neues Leben anfangen."
„Jasko, fasse dich - sei ein Mann", stöhnte sie; ihr Haupt sank wie leblos zurück, aber sie öffnete die halb gebrochenen Augen wieder, und es schien, als klammere sich die scheidende Seele noch einmal verzweiflungsvoll an die zusammenbrechende Hülle - diese Lippen, die in Staub zerfallen sollten, mussten noch einmal sprechen, das Herz durfte nicht stillstehen und die Qualen unausgesprochener Mutterangst mit unter die Erde nehmen."

Ich ließ das Buch sinken.
„Ich habe es dir gesagt", sagte mein Großvater, „aber lies erst zu Ende."

Ich las das Buch in kurzer Zeit zu Ende.
Gut gebaut war das.
Wie die Autorin den dramatischen Knoten knüpfte, die Spannung lange hielt, ehe der Knoten entwirrt und aufgelöst wurde.
Mein Entsetzen über eine „mächtige Stimme, die wie Orgelklang aufbraust", über einen „keusch beherrschten Ausdruck, wie er nur aus einer reinen Mädchenseele kommen kann" oder über einen Abschnitt wie „das Mädchen mit dem sonst so eisenharten Sinn, mit dem hasserfüllten Blick und der kalt zurückweisenden Haltung ahnte nicht, welch ein Zauber und Liebreiz ihrem ganzen Wesen jetzt entströmte; alles Schroffe und alle Härten dieses vielgeprüften Charakters waren untergegangen in der süßinnigen demütigen Liebe des Weibes ...".

Ja, also mein Entsetzen hielt sich die Waage mit dem Respekt, den ich der Autorin widerstrebend entgegenbrachte.
Gut gebaut war das.

Als der Vorhang schließlich fällt, das arme rehabilitierte Mädchen in den Armen des Professors landet, atmete ich tief durch.

Im Nachwort ist der Brief eines Arbeiters abgedruckt, der im Juni 1886, am Tag der Beerdigung der Marlitt an die Redaktion der „Gartenlaube" schreibt, eine Familienzeitschrift, die viel von der Autorin veröffentlicht hat. (Die Zeitschrift war um diese Zeit von 375.000 Familien abonniert.)
Der Mann schreibt aus tiefer Trauer vom „Heimgang der allverehrten Dichterin Marlitt". Er schreibt, dass er den ganzen Tag bei schwerer Arbeit nur an sie denken konnte.

„Der Ihnen diese Zeilen schreibt, ist nur ein Arbeiter. Wie soll ich Ihnen sagen, wie lieb mir die Dichterin war, wie sie es so recht verstand, zum Herzen zu sprechen, und armen, niedergedrückten Gemütern Lebensodem einzuhauchen, damit sie weiterarbeiten können ... ich habe mich in den verschiedenen Lebensaltern daran erbaut und aufgerichtet. Als Lehrling, als wandernder Handwerksbursch und als verheirateter Mann. Als Lehrling war ich verlassen. Sie rief mir zu: Verzage nicht.
Als Handwerksbursch war ich von der Welt missachtet. Sie tröstete: Verliere das Vertrauen nicht.
Und wenn ich als verheirateter Mann mich manchmal in meinen Mußestunden durch das Lesen ihrer schönen Erzählungen über die Sorgen und Mühen des täglichen Lebens zu erheben suchte, so ruft sie stets: Hoffe!
Und wie ist es der Dichterin stets gelungen, dem Guten, Edlen und Schönen zum Sieg zu verhelfen ... Ich rufe ihr ein ‚Ruhe sanft' in ihr letztes kühles Bett nach - es kommt von Herzen.

Ein Arbeiter."

Es war höchste Zeit für ein Gespräch mit dem Großvater. Ich zündete eine Kerze an und stellte zwei Gläser auf den Tisch der Veranda. Als ich mit dem Rotwein kam, saß er schon auf der Bank.
„Das Geheimnis" lag auf dem Tisch. Er blätterte in dem Buch, verbog den Deckel, man sah, die Ausgabe gefiel ihm nicht. Ich goss den Wein in die Gläser und setzte mich neben ihn.
„Na?" fragte er.
„Warum wolltest du, dass ich es ‚erst später' lese?"
„Du solltest erst ein bisschen Wind um die Ohren ha-

ben."

Er sah mich prüfend an.

„Hast du?"

Wir tranken. Er hatte noch immer den gleichen Ausdruck von Neugier und Andacht über dem Glasrand. Er nickte anerkennend, stellte das Glas hin.

„Ist sie eine Dichterin?" fragte ich.

„Mehr. Ein M e n s c h." Und zitierte: „Die bewegenden Romane der Eugenie Marlitt gehören zu den meistgelesenen ihrer Zeit. Die gelungene Mischung aus Spannung, Gesellschaftskritik und anrührender Menschlichkeit findet auch heute noch begeisterte Leser."

„Das hast du aus dem Taschenbuch", sage ich, „da steht das hinten drin."

Er nickte.

„Ja, es hat mich gefreut, das zu finden. So ähnlich stand das in den Büchern, die ich im vorigen Jahrhundert verkauft habe, auch. Aber die Bücher waren schöner."

Ich will etwas über die Marlitt sagen, so etwas richtig Gepfeffertes, Fachkundiges, will dem Großvater imponieren, aber der Brief des Arbeiters fällt mir ein, und der Spott bleibt mir in der Kehle stecken.

Ich sehe die Schaufenster der Buchhandlung vor mir. Die modernen Autoren, die Kinder unserer Zeit. Und was sie uns zu sagen haben. Im Großen und Ganzen lässt es sich auf den Minus-Nenner Irrwege, Untergänge, Verzweiflungen und Pleiten bringen. Ich versuche, mir einen Arbeiter vorzustellen, der einem solchen Autor einen Brief schreibt und ihm dankt, weil er in seinen Büchern etwas für sein eigenes Leben Sinnvolles gefunden hat. Vom Guten, Edlen und Schönen zu schweigen.

„Aber diese Sprache", sage ich.
Der Großvater hebt die Schultern.
„Vergiss nicht: ein Kind ihrer Zeit. 1825 geboren. Da sprach man anders."
„Büchner", schlage ich zu, „1813 geboren."
„Wagner", schlägt er zurück, „1813 geboren", und singt schallend: „Hojotoho! Heiaha! Heiaha! Hojotoho! Heiaha!" Weiter kommt er nicht, weil wir beide vor lachen nicht mehr können.
Ich habe noch immer keine Antwort bekommen.
Ich frage noch einmal: „Ist sie eine Dichterin?"
Sein belustigtes, sein gütiges Gesicht über dem Weinglas.
„Ich finde, du bist jetzt alt genug, um das selbst zu entscheiden."

Warum ich gern im Caféhaus schreibe

Über nichts gleitet der Schreibstift leichter als über Papier, das auf einer glatten Marmorplatte liegt. Meine Liebe zum Caféhaus ist vererbt und - bewusst oder unbewusst - kräftig gefördert worden.
Berlin ist wahrhaftig kein Beispiel für eine Caféhaus-Tradition.

Aber hier fing es an.

„Wieso gehst du in dieses scheußliche Café?" fragte meine Mutter, die „Kranzler unter den Linden" vorzog.
„Das ‚Romanische'?" fragte mein Vater, „man sieht noch ein paar Köpfe dort."

Ich ging noch nicht zur Schule. Von den „Köpfen" - ihre Besitzer hießen Siegfried Jacobsen, Kurt Tucholsky, Else Lasker-Schüler, Gustav Gründgens, Fritz Kortner - sollte ich erst viel später hören.
Die Stille in einem Caféhaus ist wohltuend. In einem guten Caféhaus gibt es kein Radio. Nicht mal Mozart. Die gedämpfte Geräuschkulisse, das leise Klirren von Löffeln gegen Porzellan oder Glas genügt. Was am schwersten wiegt, ist der Duft.

Ich ging schon zur Schule.
„Was liest der Gründgens?"
„Zeitung", sagte meine Mutter, „das siehst du doch."
„Und was schreibt der Tucholsky?"
„Das weiß ich nicht. Aber vielleicht steht es morgen in der Zeitung."

„Kranzler unter den Linden", wenn ein Café in Berlin Tradition hatte, dann war es dies.
Marmor, Plüsch, Apfelkuchen mit Sahne und vor den Fenstern die schönen, alten Bäume über dem summenden Verkehr.
Einmal in der Woche holten die Mutter und ich den Vater von der Bank ab, um „konditorn" zu gehen.
Später holte ich ihn manchmal allein ab. Die Mutter stand in der Wohnungstür und lächelte: „Brauchst du wieder mal ein Männergespräch?"
Ich fuhr mit der Stadtbahn eine halbe Stunde vom Savignyplatz bis zur Friedrichstraße, überquerte die „Linden", stand vor dem großen Gebäude in der Bärenstraße. Ich war pünktlich. Das erwartete der Vater.
Lange lautlose Korridore, die Vorzimmer, der Prokurist, die Sekretärin, das Zimmer des Vaters mit einem Schreibtisch wie ein Schiff. Ein schwer beladenes Schiff.
„Hast du denn Zeit für mich?"
Und er, schon in Hut und Mantel: „Ein viel beschäftigter Mann hat immer Zeit."
Ich habe ihn oft beim Wort genommen.
Abends, in der stillen Großstadtwohnung, arbeitete er an seinem zweiten Schiff, oft bis in die Nacht. Wenn er nicht arbeitete, las er. Die Mutter blieb immer auf. Einmal schlich ich auf bloßen Füßen an die Schiebetür. Die Eltern lasen. Die Mutter hielt das Buch in der rechten Hand, der Vater in der linken. Die linke Hand der Mutter lag in der rechten des Vaters auf der Sessellehne.
Seitdem weiß ich, dass es gute Ehen gibt.

„Kranzler unter den Linden", Apfelkuchen mit Sahne und die belustigten Augen des Vaters.
Gespräche, Gespräche, über Theater, Konzerte,

Bücher, das Gymnasium und die Zukunft. Es war das Wort, das er immer schwerer aussprach. Das tausendjährige Reich war damals noch in den Anfängen.

Eines Nachmittags, als ich ihn abholen wollte, hatte er noch eine Besprechung.
„Geh voraus, ich komme nach."
Als er kam, fand er mich an unserem Marmortischchen, eifrig schreibend. Er zog die linke Augenbraue hoch. Ich kannte das.
Warte - dachte ich.
Zwei Tage später las er meinen Erstling in der Zeitung.
Er ließ die linke Augenbraue unten.
„Stellst du schon die Weichen?"
„Ja", sagte ich mit der unerschütterlichen Sicherheit, mit der junge Menschen Recht haben, „am liebsten möchte ich gleich starten."
„Wohin?"
„Überall hin." Ich beobachtete seine linke Augenbraue.
„Sag mal, was stellst du dir eigentlich unter Journalismus vor?"
„Überall hinfahren, wo's interessant ist und darüber schreiben."
Er rührte in seiner Tasse und sah mich nachdenklich an.

Jahre später, auf der Flucht aus der brennenden Stadt, kam ich unfreiwillig überall hin.
Was ich sah, war nicht für's Feuilleton.

Ein Caféhaus ist eine Insel.
Mit der Freude des Gewohnten besuche ich die mir bekannten, mit unruhiger Neugier die neuen.

Ich kenne viele Länder, aber nur eins ist das klassische Land des Caféhauses.
Dass gerade Österreich unsere Wahlheimat werden sollte, kann kein Zufall sein.

Jeden Donnerstag komme ich in Versuchung, meinen Vater in der Bank anzurufen. Donnerstag: „Kranzler unter den Linden".
Ich vergesse meine eigene Telefonnummer, aber die der Bank in der Bärenstraße nie.
„Flora, 0027 bitte". Damals sagte eine wirkliche menschliche Stimme noch: „Ich verbinde."
Heute verbindet mich nichts und niemand mehr mit meiner Stadt außer der Erinnerung und einer unbegriffenen Sehnsucht.

Über nichts gleitet der Schreibstift leichter als über Papier, das auf einer glatten Marmorplatte liegt.
Warum ich gern im Caféhaus schreibe?
Ich tue das wie alle, die gern fortgehen, um desto tiefer bei sich einzukehren.

Mein Gedicht

Der Gradmesser für den Wert eines Gedichts ist meine Ergriffenheit.
Die Ergriffenheit ist nicht vage.
Ich will hier nicht davon reden - obwohl es alles zutrifft - dass es mir kalt über den Rücken läuft, dass der Atem des Gedichts mich anweht und mir den Atem nimmt. Das alles könnte, was mir übrigens gleichgültig ist, belächelt werden.
Meine Ergriffenheit ist an einer nüchternen Tatsache abzulesen: das Gedicht, das mich er-greift, tut es im Sinne des Wortes. Es geht in mich ein, und indem es von mir Besitz nimmt, wird es zu meinem Besitz. Ich lese es einmal, mache das Buch zu und weiß, dass ich mein Gedicht nicht mehr vergessen werde. Ich habe es nicht aus-wendig gelernt, wie das deutsche Wort hier ganz falsch sagt. Ich weiß es par coeur. Mein Herz behält es.
Ob es sich um ein kurzes oder langes Gedicht handelt, tut nichts zur Sache.
Solche Begegnungen sind selten und gehören zu den Glücklichen.
Ich bin nie enttäuscht worden.
Als mir das erste Mal ein Gedicht den Atem nahm, war ich sechzehn Jahre alt. Mein Großvater war Buchhändler. Als er alt geworden war, verkaufte er seine beiden Geschäfte. In der Mansarde seines Hauses, Magdeburg, Hopfengarten, Lindenplan 36, stapelte er die Bücher, von denen er sich nicht trennen konnte, in Regalen bis unter die Decke.
Ich hatte es durchgesetzt, in der Mansarde schlafen zu dürfen, wenn ich zu Besuch kam in den

Ferien.
Der Großvater wusste warum.
Die Großmutter auch.
Um zehn Uhr rief sie das erste Mal hinauf.
„Schläfst du?"
Ich fiel jedes Mal darauf herein und antwortete:
„Ja."
Ich hörte, wie sie beide lachten.
Das Frage- und Antwortspiel wiederholte sich um elf Uhr. Regelmäßig um Mitternacht klopfte die Großmutter mit einem Besenstiel an die Decke und rief:
„Licht aus! Schlafen!"
Ich löschte das Licht an einer Schnur aus, die ein scharf schnappendes Geräusch hervorrief. Die Großmutter hatte Ohren wie ein Luchs. Wenn sie das Schnappen hörte, war sie zufrieden.
Am Morgen lächelte der Großvater mir zu. Wir kamen uns vor wie Geheimbündler. Bis ich die Großmutter eines Tages beobachtete, wie sie drei neue Kerzen in die Mansarde trug.

Das erste Gedicht, das in mich einging, fand ich an einem Herbsttag.

Hälfte des Lebens

Mit gelben Birnen hänget
und voll mit wilden Rosen
das Land in den See.
Ihr holden Schwäne,
und trunken von Küssen
tunkt ihr das Haupt
ins heilignüchterne Wasser.

Weh mir, wo nehm ich wenn
es Winter ist, die Blumen und wo
den Sonnenschein

und Schatten der Erde?
Die Mauern stehn
sprachlos und kalt, im Winde
klirren die Fahnen.

Ich saß wie vom Schlag getroffen.
Ich weiß es heute noch, wie eben, dass ich das Buch zumachte und der Stimme zuhörte, die nicht meine Stimme war, wie sie die beiden Strophen laut und langsam sprach.
Wie ich vergaß, dass es Worte waren.
Es war Musik.

Ich sah in den Garten mit Augen, die anders sahen als meine Augen.
Ich war außer mir.
Etwas Neues, Fremdes hatte mich angerührt und von mir Besitz ergriffen. Es verließ mich nicht mehr und nahm keine Rücksicht, ob ich glücklich oder verzweifelt darüber war.
Ich war beides.

Im Garten, an den berühmten Spalieren des Großvaters, hingen die gelben Birnen groß wie Wachsfrüchte im unbewegten Laub.
Um das Rondell mit dem weißen gusseisernen „Tempel" blühten Rosen, über die Bögen der Laubengänge kletterten Rosen, hingen in Ranken herunter.
Der Garten lag im Licht der Herbstsonne. Von der Steinmauer her wuchsen die Schatten.

Ich sah die Birnen zu Boden fallen, spürte den Wind, der die Rosen rot aufwirbelnd davontrug.
Ich fror. Ich hatte in das Paradies gesehen und in den Abgrund.

Später las ich alles von ihm. Aber „meinen" Hölderlin habe ich nie wieder so gefunden wie in diesem ersten Gedicht.
Nirgends ist seine Erscheinung ergreifender, nirgends sein Schicksal unabwendbarer zu erkennen als an diesen beiden Polen, zwischen denen er zerrieben wurde.

Je älter ich werde, um so mehr wende ich mich den gelben Birnen und den roten Rosen zu, als hätte ich die sprachlose Kälte der Mauern, die im Winde klirrenden Fahnen schon hinter mir.
Aber wer weiß das?

Am Ende, am Anfang der Welt

Das war nach dem Abitur, als ich nach Ostpreußen gefahren bin. Mit dem Zug. Allein.
An die Samlandküste, nach Rauschen. Grün, grün alles und windbewegt. Aber das war es noch nicht.
Die Kurische Nehrung war es: Nidden.
Ich hatte die Wörter zu Haus, in Berlin, immer wieder vor mich hingesprochen.
Jetzt war ich da.
Ich fand Unterkunft in einer dunklen Kammer eines Fischerhauses. Es roch nach geräuchertem Fisch. In meiner Kammer stand ein Bett, dessen Matratze so durchhing, dass man nur an den Rändern gerade liegen konnte. Das Mobilar: ein wackelnder Holztisch, ein Holzstuhl, eine Emailschüssel mit kaltem Wasser in einem Eisengestell, drei Haken an der Wand, um meine Kleider aufzuhängen. Das Fenster klein und trübe. Die Fischersfrau stopfte eine Wolldecke, die nach Pferd roch in einen geflickten Bettbezug und brachte ein Handtuch, das sie alle zehn Tage erneuerte. Ich verbrauchte drei in einem Monat.
Am Strand war niemand außer den Pferden, die Tag und Nacht unter freiem Himmel blieben, starke schöne Pferde mit langen Schweifen und Mähnen, ein ganzes Rudel. Es gelang mir nie, sie zu zählen. Es gelang mir noch weniger, wovon ich geträumt habe: aufzusitzen auf einem von ihnen, auf dem blanken Pferderücken über den Strand zu jagen, am Wasser entlang. Jeder Versuch war umsonst. Sobald ich näher kam, langsam, langsam, hoben sie witternd die Köpfe, drehten ab, stoben auf und davon.

Mitunter vergaß ich, wo ich war, musste mir die Namen wieder laut hersagen.
Nirgendwo habe ich das Gefühl stärker gehabt, am Ende, am Anfang der Welt zu sein. In keinem der vielen Länder und Orte, die ich später gesehen habe, war der Himmel riesiger als hier, der Sand weißer, das Meer wilder. Es war alles wie eben aus dem Nichts heruntergestürzt, urgewaltig.
Die Farben weiß und blau sind in meiner Erinnerung geblieben. Die weiß gestrichenen Häuser, die blauen Gartenzäune, die gelben Sonnenblumen dahinter und meterhohen Stockrosen.
In den Wäldern habe ich meinen ersten und letzten Elch gesehen. Er kam ganz plötzlich, lautlos: wir standen uns gegenüber, kaum drei Meter voneinander entfernt, sahen uns an, regungslos, Ewigkeiten lang. Dann drehten wir uns beide gleichzeitig um und gingen. Er hat sich nicht mehr umgesehen. Ich schon.
Als ich abfahren musste, wollte ich nur eins: wiederkommen. Immer wieder wiederkommen.
Aber daraus wurde nichts.

Panik

Er lag da. Wehrlos. Alle durften ihn anschauen. Lag da, in der Stille seines engen Gefängnisses, das noch nicht verschlossen war. Lag da, ganz ruhig, die Augen geschlossen, die Hände auf der Brust. Nicht gefaltet. Diese Hände, die mit den Rosen im Garten, mit dem Wein an der Hauswand, den Früchten an den Spalieren auf Du und Du standen. Diese Hände, die Bücher gehalten hatten wie Freunde, die Gedichte geschrieben hatten und ein Weinglas zu halten wussten wie niemand sonst.
Der Tod hatte die Güte nicht aus seinem Gesicht nehmen können. Aber ein fremder Geruch stieg aus den Kissen und Spitzen auf, fein, eindringlich und süß. Er passte nicht zu ihm. Der schwarze Anzug machte ihn streng.

Ich gab ihm die Veilchen aus seinem Garten in die Hände.
Sie waren stärker als der fremde Geruch.
Ich sah in das stille Gesicht, als hätte ich es noch nie gesehen ... Wie lebendig es war.
Plötzlich begriff ich, dass er alles wahrnahm:
sein Gefängnis, uns, die vielen Blumen, die Kränze, das Flüstern, die Tränen.
In meiner Manteltasche knisterte das Telegramm, das mich in Ostpreußen erreicht hatte. Auf der Kurischen Nehrung, in Nidden: „Großvater eingeschlafen, bitte sofort kommen." Die lange Bahnfahrt über hatte ich ihn gesehen zwischen seinen Büchern, seinen Rosen, seinem Wein.
Er lag da. Wehrlos.

Als der Sargdeckel geschlossen und die Schrauben angezogen wurden, als sechs Männer den Sarg an das schwarze Erdloch trugen, geriet ich in Panik. Keine, die eine Tobende und Schreiende aus mir gemacht hätte. Ich wurde zu Eis, kalt und fühllos. Es war die einzige Hilfe, um das Entsetzen zu überleben vor dem, was jetzt geschah.

Glück und Glas

Die Großeltern hatten noch drei dieser kostbaren Gläser. Spitzkelche in einem blassen Rot mit farblosem Glasstiel und -fuß, unverziert.
Diese drei, das war schon wieder der Rest, den sie von ihren Eltern geerbt hatten und ihre Eltern wieder von ihren Eltern.
Diese Gläser standen immer für sich in einem kleinen Eckschrank an der Wand, nicht bei den anderen Gläsern, wovon sie Dutzende hatten. Alle Arten, Farben, Formen und Größen.
Jedem Wein sein Glas.
Der Großvater zog die Trauben selbst und bereitete den Wein. Die winzigen Flaschen, die er schon dem Kind schenkte. (Wein ist gesund.) Jede mit einem Etikett beklebt, auf dem ein selbst gemachtes Gedicht geschrieben stand. In einer kunstvollen Handschrift.
Der „Rote Portugieser" an der Südseite des Hauses, der im Oktober reifte, oft noch nicht reif war, wenn die Herbstferien zu Ende gingen.
„Nicht doch", sagte der Großvater, wenn ich es nicht abwarten konnte, „du weißt nicht, um was du dich bringst."
Er holte eine Leiter aus dem Verschlag unter der Veranda, legte sie sorgfältig an, bis sie „Stand hatte", stieg hinauf, schnitt hoch oben, wo die Sonne um die Mittagszeit am stärksten traf, eine Traube ab. Unten angekommen, schnitt er noch ein Blatt ab, legte die Traube darauf, Beere an Beere, dunkelrot, mit einem silbergrauen Schmelz überhaucht, gab sie mir.

Er sah zu, wie ich kostete, nickte zufrieden, trug die Leiter weg.
Von da an habe ich keine unreifen Weintrauben mehr gegessen.

Als er mich für reif genug hielt, auch Champagner zu trinken, bekam ich eins von den alten Gläsern und durfte mittrinken, als wir ein Fest feierten.
Dieser Tag gehört zu den Festtagen meiner Erinnerung.
Wegen des Glases.
Ich war sechzehn Jahre alt.

Im Keller standen die vielen großen Glasbehälter, in denen es gärte und summte.
Der Großvater, wenn er prüfend von einem Glasbehälter zum anderen ging.
„Braucht Zeit", sagte er, „braucht alles seine Zeit."
Wie ein Zauberer kam er mir vor in seinem Keller.
Der Großvater in seiner selbst gewählten Einsamkeit, in seiner Unterwelt der Wahrheit.
Denn er sprach dem Wein Wahrheit zu wie dem Sprichwort.
Die Kellerschwelle erinnerte mich an eine Klosterschwelle. Ich wunderte mich, dass ich Zutritt hatte.
Die Großmutter betrat sie nie.

Manchmal lief ich wie gehetzt aus dem großen Garten in den Keller, atemlos vor Angst, der Großvater könnte plötzlich nicht mehr da sein.
Die ungeheure Erleichterung, wenn sein lächelndes Gesicht hinter den Glasbehältern auftauchte. Ich hockte mich auf eine umgedrehte Kiste. Er schob mir ein kleines Glas zum Kosten hin. Ich kann mich nicht erinnern, dass wir im Keller je gesprochen hätten.
Der Großvater war leise.

Bücher, wie er sie las und Wein, wie er ihn zauberte und trank, machen keinen lauten Menschen.

Er ging so leise wie er gelebt hatte.
Als ich das Telegramm bekam, las ich gerade die Verse:
„... ich setze langsam meinen Fuß auf dem Weg zum ewigen Heime."

An diesem Tag verwandelte sich das lebendige Schweigen im Keller in ein totes. Die Glasbehälter verstummten. Von diesem Tag an standen nur noch zwei von den alten roten Kelchen im Schrank.
Der dritte war und blieb verschwunden.
Die Großmutter stellte das Haus auf den Kopf, suchte und suchte.
Ich hörte, wie sie vor sich hinsprach:
„Glück und Glas .... Glück und Glas" und wie sie ganz leise sagte: „wie leicht bricht das ..."
Alles Suchen war umsonst.
War das dritte Glas zu Staub zerfallen?
Oder hatte der Großvater es geholt?

Die Großmutter und ich waren zu Zweit in den Ferien. Ich hatte Zeit, sie anzusehen. Das zerfurchte Gesicht mit den hellen Augen, das sich unversehens in das der jungen Frau verwandelte, die die Großmutter einmal war. Ich kenne es von einem Bild.
Ein klares Gesicht mit starkem, kastanienroten Haar, einem entschlossenen Mund und hochmütigen Augen. Hochmütig, weil sie oft gedemütigt worden war.

Sie ging nie in die Kirche. Nicht zum Gottesdienst. Aber in leeren Kirchen saß sie oft.

„Es gibt einen schönen Augenblick im Gottesdienst", sagte sie, „wenn der Pfarrer sagt: ‚Wir beten weiter in der Stille'."
Anscheinend waren ihr diese Augenblicke zu kurz. Ihre Meinung von den Pfarrern war nicht die beste: „Sie tun so, als wüssten sie alles. Dabei k ö n n e n sie gar nichts wissen."
Ich hätte gern mehr gewusst, als sie erzählte. Aber sie erzählte nicht mehr.
Was ich an ihr liebte und bewunderte, waren ihre Kleider. Knöchellange Röcke, die leichten Taft- und Baumwollröcke des Frühlings und Sommers, die weichen, schwer fallenden Tuch- und Samtröcke des Herbstes und Winters.
Als junges Mädchen fand ich sie altmodisch. Ich hatte das erste halbe Jahrhundert noch nicht erreicht, da trug ich sie selbst.
Als die Großmutter in ihr 90. Lebensjahr ging, aufrecht, ohne Stock und ohne zu wissen, was Gliederschmerzen sind, gab sie mir eine lebendige Lehre, dass sie die langen Röcke nicht nur getragen hatte, weil sie sie schön und weiblich fand, sondern weil sie warm und gesund hielten.
„Geschwitzt oder gefroren habe ich nie. Man muss sich nur vernünftig anziehen."

Wir saßen im Wintergarten, die Großmutter und ich.
„Was für einen schönen Rock du wieder anhast."
Sie lächelte.
„Als ich jung war, hätte ich Walzer auf einem Teller tanzen können. Dazu passt ein langer Rock besser als ein kurzer."
„Hast du's probiert?"
„Nein, man sagt so."
„Und heute?"
Sie stand auf, nahm den langen Rock an beiden Seiten mit den Händen auf, man sah knapp die

Füße, summte ein paar Takte eines Lanner-Walzers und drehte sich mit einer Leichtigkeit auf der Stelle, dass ich in die Hände klatschte. Sie brach verlegen ab und wir lachten.

Einmal habe ich sie ertappt. Es war wieder im Wintergarten. Am frühen Nachmittag. Sie nickte ein wenig ein. Wir saßen uns in den beiden großen Sesseln gegenüber. Ich sah sie eine Weile an und machte dann auch die Augen zu. Ich hielt sie auch geschlossen, als ich spürte, dass die Großmutter mich ansah. Ich weiß nicht mehr, ob das Schweigen Sekunden oder Ewigkeiten dauerte. Die Großmutter sah mich immerzu an, das spürte ich.

Sie sagte wie zu sich, aber ich verstand jedes Wort: „So jung - und so viel Herzeleid." Und nach einer Weile:

„Gottes Mühlen mahlen langsam aber sicher."

Ich wäre am liebsten aus dem Sessel gesprungen wie ein wütender Teufel aus der Kiste.

Herzeleid ... diese Gartenlauben-Vokabel hätte ich der resoluten Großmutter nicht zugetraut.

Herzeleid, dachte ich spöttisch, aber der Spott blieb mir im Hals stecken.

Die Großmutter hatte Recht.

Woher wusste sie?

Ich machte die Augen auf. Sie sah mich lächelnd an.

„Auch ein bissel geschlafen? Ich mach uns einen Kaffee."

Sie brachte den starken Kaffee, den sie so liebte und den sie den ganzen Tag trank, mit Milch und viel Zucker, aus einer großen bauchigen Tasse mit geschweiftem Henkel und Goldrand.

Das Wort Herzeleid habe ich nie wieder aussprechen gehört, und ich habe es auch nie ausgespro-

chen und hier wohl zum ersten und zum letzten Mal geschrieben.
Vergessen habe ich es nie. Auch die Mühlen Gottes nicht. Nicht nur, weil die Großmutter Recht behalten hat.

Heute bin ich sicher, dass sie genau gewusst hat, dass ich nicht schlief, sich aber den Anschein gab, als glaube sie es, um mir zu sagen, wozu sie sonst zu scheu gewesen wäre.

Als ich mich von der Großmutter verabschiedete, wusste ich nicht, dass ich sie nie wieder sehen sollte.
Sie schien es zu wissen.
Sie nahm die beiden Gläser aus dem Eckschrank, wickelte sie in eine Serviette und gab sie mir.
„Ich brauch sie nicht mehr. Denk an uns, wenn du daraus trinkst."
Ich habe die Gläser in meinem Fluchtgepäck gehabt.
Über alle Grenzen, durch Feuergefechte, unter Bombenangriffen, bei Kontrollen und Plünderungen, in rüttelnden Lastwagen - unversehrt.

Das zweite Glas zersprang an einem Freitag, 3. November.
Wir hatten einen Grund zum Feiern.
Ein kleiner Mensch war wieder auf die Welt gekommen. In aller Frühe stand ein Freund vor der Haustür, Rosen in der einen Hand, eine Flasche Champagner in der anderen.
„Ich wünsche Glück."
Wir machten die Verandatür zum Garten weit auf und setzten uns auf die hölzerne Schwelle. Es war ein heller warmer Tag mit ruhigem Himmel.
Ich holte die beiden roten Gläser aus dem Schrank.

Wir tranken auf das Wohl der jungen Mutter und das ihres kleinen Sohnes. Ich trank nicht nur auf das Wohl dieser beiden Lebendigen.

„Denk an uns, wenn du daraus trinkst ..."

Wir gingen auf der Terrasse auf und ab, um das Haus. Es gab so viel zu erzählen, so viel zum Freuen.

Als wir uns wieder auf die Schwelle setzten und die Gläser füllen wollten, steht nur noch eins da. Das andere ist genau unterhalb des Kelches wie mit einem Diamanten messerscharf vom Stiel abgeschnitten. Der Stiel steht aufrecht auf dem Fuß. Die Schnittfläche ist spiegelglatt. Der Kelch liegt unversehrt daneben.

Wir sehen uns an und verstehen gar nichts.

Glück und Glas ...

Der Wind kann es nicht gewesen sein. Es ist windstill. Die hölzernen Türflügel stehen weit offen und rühren sich nicht. Eine Katze, von der es hier so viele gibt, kann es nicht gewesen sein, denn sie hätte beide Gläser umwerfen müssen. Sie standen dicht beieinander.

„Denk an uns, wenn du daraus trinkst ..."

Das letzte Glas steht im Schrank und wartet auf seine Stunde.

In Kürze

Strupp.
Warum fällt mir Strupp heute ein, nach mehr als einem halben Jahrhundert? Wo wird denn das alles aufbewahrt, um plötzlich da zu sein und uns zu verwirren?
Denn es ist nicht „vergangen".
Es ist jetzt.
Strupp ist tot. Der Tierarzt hat ihm die tödliche Injektion gegeben. Ich habe den Kopf des Hundes gehalten und „Auf Wiedersehen" zu ihm gesagt. Das verstand er. Wir haben uns angesehen. So lange, bis wir uns nicht mehr ansehen konnten.
Das war in einem kleinen Ostseebad.
Die Eltern haben in der „Villa Agnete" auf uns gewartet. Ich kam ohne Strupp zurück, nur mit dem leeren Handtuch. Es war die Zeit, in der wir mit Strupp einen Spaziergang gemacht hätten.
„Gehen wir", sagte mein Vater und versuchte, seiner Stimme einen festen Klang zu geben.
Ich sagte: „Ich möchte allein gehen."
Meine Mutter sah mich an: „Geh doch mit uns."
„Ich möchte allein gehen."
„Lass sie", sagte mein Vater.
Ich ging allein.
Das tut mir heute noch leid.
Ist es mir deshalb eingefallen?

Nachrichten

Das war später, nach vielen Jahren. Da war ich kein Kind mehr, hatte schon das Abitur. Da war Krieg. Da war ich kriegsdienstverpflichtet, arbeitete in einer Rüstungsfabrik.
Da kamen die Nachrichten, Briefe, Anrufe, Telegramme. Als ich „aus dem Feld", wie das damals hieß, jene Nachricht erhielt, sagte mein Vater: „Mach dich auf alles gefasst. Es wird Dein Freund Jürgen sein, und er wird an einem Herzschuss gestorben sein." (Er sagte gestorben, nicht gefallen.)
Ich starrte meinen Vater an, riss das Schreiben auf.
Er hatte Recht.
In den weiteren Kriegsjahren kamen noch viele solcher Briefe aus unserem Verwandten- und Freundeskreis.
Es tat den Schreibern jeweils „leid, uns mitteilen zu müssen, dass ... an einem Herzschuss den Heldentod ...".
Manchmal läutete auch das Telefon und Nachbarn teilten uns mit, dass die Tante und die junge Cousine in einem Bunker zermalmt worden seien. Bis zur Unkenntlichkeit. Als der Cousin aus der Mark Brandenburg im Lazarett an seinen Verletzungen starb und sein Vater es erfuhr, riss er ein Messer aus der Schublade, stach wie ein Wahnsinniger auf die Sessel in seinem Arbeitszimmer ein und brüllte: „Die Schweine, die Schweine ... das Kind ..." Sie hatten nur diesen einen Sohn.
Als der Brief der Tante aus Westfalen kam, hat meine Mutter einen Tag lang nicht gesprochen. Die Cousine war siebzehn Jahre alt und am Flakge-

schütz eingesetzt. Bei einem Angriff auf die Stellung waren ihr beide Beine abgerissen worden. Sie war verblutet.

„Es ist gut so", hatte ihre Mutter geschrieben, „sie hat so gern getanzt."

Der Zuckersack

Mein Onkel und meine Tante tanzen in Lumpen um ihren Zuckersack. Sie tanzen wie die Lumpen am Stecken, obwohl sie nicht mehr die Jüngsten sind.
Die Fetzen fliegen.
Lumpen und Fetzen. Seit Jahren nichts Neues.

Mein Onkel und meine Tante tanzen vor Freude.
Der Feind hat den Zuckersack nicht gefunden. Er war im Taubenschlag versteckt.
Auch die Tochter ist im Taubenschlag versteckt.
Die süße Tochter.
Die hatte der Feind auch nicht gefunden.

Man kann nicht alles verstecken, was in einem Laden steht. Die Margarine nicht, „Schwan im Blauband", die Butter nicht, sie schmilzt in der Wärme. Die Holzfässer nicht mit der Schmierseife und den frischen Heringen, die Brühe schwappt über, das Mehl nicht, es ist empfindlich gegen Nässe, die Schokolade nicht „Hab Sonne im Herzen, Portola im Mund", die Mandeln, Rosinen, Korinthen, Gewürze.
Man konnte den Duft nicht verstecken. Ingwer, Muskat und Koriander, Nelken, Vanille und Zimt.
Der Feind war geradewegs darauf zugegangen.
Man konnte so vieles nicht verstecken. Das Silber, ja, aber davon konnte man nicht herunterbeißen.
Die Peitschenschnüre, ja, aber wozu? Der letzte Fohlenmarkt war lange her.
Die Pferde starben aus, trabten nicht mehr über das kleinstädtische Katzenkopfpflaster, in dem Da-

men aus der Stadt - selten sah man eine durch die Mullgardinen - mit ihren spitzen Absätzen steckenblieben.

Die Bonbongläser, rot, grün, gelb leuchtend, ja, die hätte man vergraben können. Unter dem alten Nussbaum an der Laube, in der sonntags Kaffee getrunken wurde, an der Pumpe im Hof, auf der ein Rotkehlchen sein Nest hatte, oder im Garten unter den Wassermelonen, zwischen Mangold, Sellerie und Petersilie, neben dem Hasengrab mit dem tränenden Herzen. Aber da war es schon zu spät.
Der Feind kommt schneller als erwartet.

Mein Onkel und meine Tante tanzen in Lumpen um ihren Zuckersack.
Sie tanzen vor Freude.
Gerettet, gerettet.
Zucker ist nahrhaft, nahrhaft und süß.
Ihr gutes Herz wird ihnen den Tod einhandeln. Aber das wissen sie nicht.
Sie tanzen und sind fröhlich.
Am Abend bringen sie den Zuckersack wieder in den Taubenschlag.

Er ist schwer, aber es ist sicherer so.
Der Feind ist unruhig. Kommt und geht bei Tag und Nacht.
Sucht.

Mein Onkel und meine Tante triumphieren heimlich. Der Feind hat den Zuckersack nicht gefunden. Auch die süße Tochter nicht, beide im Taubenschlag versteckt. Wenn es dunkel wird, bringen sie ihr zu essen.
Sie denken nicht an sich.

Zum Kochen bitten sie die Tochter demütig um etwas Zucker. Sie lässt ihn aus dem Taubenschlag herunterrieseln.
Sparsam.

Die Tochter trifft sich nachts mit dem Feind im Taubenschlag. Mit vielen Feinden. Sie kichern und naschen Zucker. Der Sack wird bald leer sein.

Die Leute lachen über meinen Onkel und meine Tante, wenn sie beteuern, dass der Feind alles gefunden habe.
Alles, was wir hatten, sagen sie mit ihren redlichen Gesichtern.
Aber die Leute lachen.
Sie sagen: das kennt man.

Der Amtsarzt, der meinen Onkel und meine Tante untersucht, schüttelt den Kopf. Er stellt den Totenschein aus und schreibt: Entkräftung.
Er schüttelt den Kopf und sagt: Wo sie doch alles hatten.

Im Taubenschlag singt die Tochter.

Breit aus die Flügel beide

Als die ersten Schläge auf das nackte Fleisch klatschten, schrie das Kind so laut und so schrecklich, dass die Nachbarn aus den Häusern liefen und der Mutter die Hundepeitsche aus der Hand rissen. Sie wehrte sich, tobte, schrie. Weil auch das Kind noch immer schrie, verstand man nur Wortfetzen:
„Nicht sauber, nicht sauber, immer noch nicht ... in die Hose, ins Bett, nicht sauber ...".
Zwei Frauen führten die Mutter, die laut zu weinen anfing, ins Haus.
Die Pfarrfrau, die selbst vier Kinder hatte, hob das kleine Mädchen vom Boden auf und nahm es mit. Es schrie noch immer laut und schrecklich.
Es war noch keine zwei Jahre alt. Regina.
Später erzählte die Pfarrfrau:
„Sie hat drei Nächte lang geschrieen, nichts gegessen, nichts getrunken. Dann war sie still. Wie abgeschnitten. Und so schrecklich das Schreien war - das Schweigen war noch schrecklicher. Es war, als wäre das Kind in einen dunklen Wald gegangen und nie mehr wieder gekommen."

Später holte die Mutter das Kind zurück. Sie pochte auf ihr Recht und erhielt es. Sie hat es nie mehr geschlagen. Sie hat es auch nie mehr, wie in den ersten Lebensmonaten, aus dem Bett genommen und zur Abhärtung in das eiskalte Regenwasser der Holztonne im Garten getaucht. Sie versorgte es, verwöhnte es. Das Kind äußerte sich nicht. Es sprach nicht, es lachte nicht, es weinte nicht. Es sah mit großen erschreckten Augen in eine unbegriffene Welt.

Mit fünf Jahren sprach es die ersten Wörter, kleine Sätze.
„Sie wird ganz normal", sagte die Mutter.
Sie nahm das Kind an die Hand, zeigte ihm den Weg zur Schule, den es einmal gehen sollte.
„Das weißt du doch?"
Das Kind nickte.
Als es sieben Jahre alt war, führte die Mutter das Kind zur Schule. In einem unbeobachteten Augenblick, als die Mutter mit dem Lehrer sprach, war es verschwunden. Am Abend fand man es, verstört und völlig erschöpft, auf einer Parkbank, weit entfernt von dem Haus, in dem es lebte.
Es ging nie zur Schule.
Das einzige Haus, in das Regina freiwillig ging, war das nachbarliche Pfarrhaus.
„Unser fünftes Kind", sagte die Pfarrfrau und schloss Regina in die Arme, „du bist mein liebes Kind."
In diesem Haus lernte Regina die einzigen Verse, die sie in ihrem Leben lernen sollte. Es war ein Gebet:

> Breit aus die Flügel beide,
> O Jesu, meine Freude
> und nimm dein Küchlein ein.
>
> Will Satan es verschlingen,
> so lass die Engel singen:
> dies Kind soll unverletzt sein.

„Sie hat es mir wahrhaftig von den Lippen abgelesen", erzählte die Pfarrfrau, „Zeile für Zeile. Ich habe gestaunt, wie schnell sie es sagen konnte. Ich habe es später noch mit vielen anderen versucht. Aber es war vergeblich. Nur dies."
Regina betete es jeden Morgen und jeden Abend.

Am Morgen immer nur einmal. Am Abend aber oft dutzende Male, immer wieder von neuem. wenn die Mutter hereinsah und sagte:
„Nun aber Schluss. Schlafen," ließ sie die Hände gefaltet, sah irgendwohin, nirgendwohin und bewegte nur noch die Lippen.

Das Kind wurde zwanzig Jahre alt und blieb immer ein Kind. Die Menschen, die mit ihm sprachen, taten es mit Neugier, Nachsicht, Herablassung und Mitleid.
„Sie ist nicht verrückt", sagte die Pfarrfrau, „sie ist verstört."
Einen Vater gab es nicht. Man hat nie einen gesehen.

Dann kam der Krieg.
„Wir hatten einen gemeinsamen Luftschutzkeller", erzählte die Pfarrfrau, „es war kein unzerstörbarer Bunker, allenfalls ein Splitterschutz, ein ganz gewöhnlicher Keller. Wir waren zehn bis zwanzig Menschen. Es hätten mehr sein müssen aus den umliegenden Häusern, aber manchen war das im letzten Kriegsjahr zu dumm. Sie gingen gar nicht mehr in den Keller, wollten schlafen.
Regina und ihre Mutter gingen immer. Beide trugen ein kleines Köfferchen, das sie dicht vor sich hinstellten.
Regina saß immer in der gleichen Ecke, etwas entfernt von ihrer Mutter. Die las Illustrierte, so lange das Licht brannte. Regina saß immer ganz aufrecht, die Knie dicht beieinander, die Hände gefaltet. Immer hatte sie die Hände gefaltet. Wenn es ganz schlimm war, wenn es dröhnte, krachte und zischte, der Kalk von den Wänden fiel und der Keller bebte,

bewegte sie lautlos die Lippen. Ich weiß, was sie sagte, immer wieder.
Ein einziges Mal, als über uns die Hölle los war, hat sie gelächelt. Ich bin inmitten meiner Kinder gesessen, die beiden Kleinen im Arm, und hab sie angestarrt. Nie habe ich sie zuvor lächeln sehen. Ich werde das nie vergessen. Sie sah aus wie ein Engel.
In jener Nacht, als Haus und Keller dem Erdboden gleichgemacht wurden, war ich mit den Kindern bei Verwandten.
Von unseren Häusern stand nichts mehr.
Von den Bewohnern war keiner mehr am Leben.
Sie wurden auch nicht ausgegraben. Man ließ sie unter den Mauerresten, Schutt und Steinen liegen.
Regina war unter ihnen. Ich weiß, was sie geflüstert hat. Wenn sie noch Zeit gehabt hat, etwas zu sagen."

Meine Mansarden

Ich liebe schiefe Wände, die Zimmer unter dem Dach: Mansarden.
Ich kenne Monsieur Hardouin's Mansarde nur aus dem Lexikon, wo er mit drei Zeilen erwähnt wird. Die Idee, Dachgeschosse auszubauen, geht auf ihn zurück.
Mansardenfreunde meinen, er hätte ein Denkmal verdient.

Die erste Mansarde, die ich liebte, war im Haus der Großeltern.
Es stand in Magdeburg-Hopfengarten am Stadtrand. Seitdem liebe ich alle Wohnungen unter dem Dach. Je mehr schiefe Wände sie haben, umso besser.
Außerdem: man ist dem Himmel am nächsten.

Wenn ich aus dieser ersten Mansarde aus dem Fenster schaute, blickte ich in den berühmten Garten des Großvaters: Veilchen und Rosen, Levkojen, Reseden und Dahlien und die Spaliere mit Äpfeln und Birnen, die wie gemalt aussahen.
Als ich mich in der Mansarde umschaute, entdeckte ich, dass sie keine Wände hatte. Man sah sie nicht. Ich hauste unter tausenden von Büchern, hatte Narrenfreiheit und machte Gebrauch davon, fünfzehn Jahre lang.

Die zweite Mansarde, die ich bezog, lag in Berlin-Dahlem am Roseneck. Sie lag auf dem Dachboden eines Miethauses und war viel kleiner als die im Haus des Großvaters. Aber man sah in einen großen

Garten, in dem Kraut, Kartoffeln und Steckrüben wuchsen. Es war Krieg, und es gab wenig zu essen.

Hier hörte ich an einem heißen August-Nachmittag aus einem alten Radio eine Melodie und einen Text, der mich aufhorchen ließ. Der Sänger sprach sehr deutlich. Ich verstand jedes Wort. Es war „Der Leiermann" aus Schuberts „Winterreise". Beides, das Gedicht und das Lied, hat mich bis auf den heutigen Tag begleitet und gehört zu meinen unverlierbaren Erinnerungen.

In dieser Mansarde lebte ich ein halbes Jahr. Dann wurden die nächtlichen Bombenangriffe so heftig, dass ich die Stadt verließ und an den Rand zog.

Die dritte und bisher letzte Mansarde bezog ich in Babelsberg-Ufastadt, nicht weit vom Griebnitz-See entfernt.

Die Villa lag am Waldrand. Es war ganz still. Diese Mansarde war die kleinste, aber sie hatte Platz für eine Couch, einen Tisch, zwei Sessel, zwei Büchergestelle und einen winzigen Schreibtisch. Den Ofen heizte ich mit Holz und Kohle.

Die Mansarde hatte siebzehn Wände. Ich habe sie gezählt.

Die nächste Stadt war Potsdam.

In dieser Mansarde wohnte ich zwei Jahre. Dann kam die Nacht, in der ich bis zur Morgendämmerung am Fenster stand. Licht durfte man damals wegen der Fliegerangriffe nur bei verdunkelten Fenstern machen.

Ich brauchte auch kein Licht, denn das Zimmer war taghell erleuchtet vom Widerschein riesiger Brände. Ich stand am Fenster und sah zu, wie Potsdam abbrannte.

Kurz darauf floh ich aus dem brennenden Berlin, bevor es Frontstadt wurde.
Ich sah mich noch einmal um in meiner Mansarde, schloss nicht ab, ging und wusste: Auf Nimmerwiedersehen.

Melatschgo

Sie war klein, zierlich, Augen und Haare schwarz, die Nase auffallend ausgeprägt. Man sah ihr die Jüdin an. Sie stammte aus Prag, hatte in München studiert und einen Münchener geheiratet. Er hieß Gustav mit dem Vornamen. Sie nannte ihn Busterle. Er nannte sie zärtlich Melatschgo. Sie besuchten uns oft in Berlin. Wir gingen zusammen ins Theater, in Konzerte. Ich kannte sie seit vielen Jahren und liebte sie mit der Leidenschaft mit der Kinder die Erwachsenen lieben, die immer für sie Zeit haben.

Es war in den dreißiger Jahren. Melatschgo war bei uns zu Besuch. Am Nachmittag wollte sie mit meiner Mutter einen Stadtbummel machen.
Durfte ich mit?
Ich durfte.
Wir brauchten nicht weit zu gehen, denn wir wohnten am Kurfürstendamm. Wir überquerten die Uhlandstraße in Richtung Kaiser-Wilhelm-Gedächtniskirche. Es war ein Nachmittag im Frühsommer. Auf der Straße waren viele Menschen. Aus einer kleinen Gruppe, die unter einem Baum stand, löste sich ein Mann, sprang blitzschnell vor und stellte Melatschgo ein Bein, sodass sie fast gefallen wäre. Meine Mutter fing sie auf und zog sie eilig weiter.
„Judensau!" brüllte der Mann und lachte laut. Die anderen unter dem Baum lachten auch, laut und lange.
„Kommt schnell", sagte meine Mutter, zog uns in einen fremden Hausflur und schloss die Tür hinter uns. Melatschgo war schneeweiß im Gesicht. Ich

habe noch nie einen Menschen so zittern sehen.
Am Abend kam Busterle und holte sie ab.
Ein paar Monate später brachte Melatschgo ihr erstes Kind zur Welt. Mirjam. Ich habe es einmal gesehen, als ich die drei in München besuchte.
Da war Mirjam noch klein, keine zwei Jahre alt.
Ein Kind wie aus Tausendundeiner Nacht. Sie konnte noch kaum sprechen, hatte aber eine so lebhafte Mimik und Gebärdensprache, dass auch ein Fremder leicht erraten konnte, was sie wollte.
Sie lief in die Küche und zeigte auf den Steintopf, in dem das Brot lag. Die Mutter nahm es heraus, schnitt ein großes Stück ab und gab es Mirjam. Sie lief davon, stieß an den Küchentisch, fiel nicht. Aber das Brot war ihr aus den Händen gefallen und weggerollt. Das Kind machte ein ernstes Gesicht und begann zu suchen. Unter einem Stuhl fand sie das Brot, hob es vorsichtig auf, küsste es, biss lachend hinein und lief hinaus. Die Mutter sah der kleinen Tochter lächelnd nach. Ich sah Melatschgo fragend an. Sie sagte:
„Das ist so bei uns. Brot, das ist etwas Heiliges. Wenn es auf den Boden fällt aus Unachtsamkeit, muss man um Verzeihung bitten mit einem Kuss. Das hat Mirjam von klein auf gelernt."

Es war das letzte Mal, dass ich Melatschgo, Busterle und Mirjam gesehen habe.
Wenige Monate später waren sie spurlos verschwunden.
Wir haben nie wieder von ihnen gehört.
Als hätten sie sich in Rauch aufgelöst.

Meine Mutter

Meine Mutter meldet sich immer öfter bei mir an. Bei Tag und Nacht.
Unmissverständlich.
Ich verstehe das nicht. Es ist fast ein halbes Jahrhundert her, seit ich sie zuletzt gesehen habe. Damals konnte ich nicht mehr mit ihr sprechen. Was will sie jetzt?
„Nichts Besonderes", sagt sie, „dich ein bissel erinnern.
Ein bissel ...
Ihre Anwesenheit ist von einer Intensität, die die der Lebenden fast noch übertrifft. Und das will etwas heißen.

Ich habe mir schon als Kind immer gewünscht, zu erfahren, wie meine Mutter als Kind war.
„Wie warst du als Kind, sag doch."
Und sie: „Gelehrig wie ein Aff' und bockig wie ein Esel. Und - ich wollte immer in die Sonne."

Meine Mutter teilte die Menschen ein in Menschen und andere. Wer ein Mensch war, der zählte. Die anderen nicht.
Ob dieser Mensch ein Minister oder ein Straßenkehrer war, spielte keine Rolle. Mit beiden kam sie gut ins Gespräch.
Sie sprach das schönste Deutsch, das ich je gehört habe.
In ihrem Pass stand: Augen blau, Haare dunkelblond, Beruf Hausfrau, besondere Kennzeichen keine.

Sie war ein Menschenmagnet.
Unsere Hausmädchen weinten laut, wenn sie weggeheiratet wurden.
„Nun mal los, Kinder", sagte meine Mutter beim Abschied zu dem jungen Paar, „ihr seid wohl erwachsen genug. Und ihr könnt ja auch mal wieder vorbeikommen.".

Um die Weihnachtszeit kam meine Mutter aus der Küche kaum heraus. Die ganze Wohnung duftete nach Vanille, Anis und Zimt. In der Küche stand ein Dutzend Napfkuchen auf der Anrichte, ein adressierter Briefumschlag neben jedem. Für den Briefträger, für die Hausmeisterin, für den Eismann, der im Sommer täglich einen Barren Eis für den Kühlschrank brachte, für die beiden Bettler, die regelmäßig kamen und „für noch ein paar andere, die es sehr nötig haben."
„Kommst du mit dem Geld aus?" fragte mein Vater. Und sie, hinter einer Wolke von Staubzucker über dem letzten Kuchen: „Spenden sind immer willkommen."

Ihre Augen waren von einem starken Blau. Wen sie ansah, den sah sie an. Durch wen sie hindurch sah, durch den sah sie hindurch. Ihre Haare waren das Entzücken und Entsetzen aller Friseure. Kämme zerbrachen, Scheren wurden stumpf.
„Diese Mähne, wie ein Ross ...", sie war kaum zu bändigen.

Auf Reisen, auf Bällen, auf dem Markt hatte man immer den Eindruck sie sei eine bekannte Persönlichkeit. Die Leute drehten sich nach ihr um, sahen ihr nach. Ihr Charme war umwerfend und nicht zu beschreiben. Einmal sagte ein Gast aus Frankreich zu ihr:

„Wenn eine Frau Charme hat, dann braucht sie sonst nichts weiter."
„Und wenn sie keinen hat?" fragte meine Mutter.
Und die Antwort hieß: „Dann ist es egal, was sie sonst noch hat."
Auf Festen war sie der Mittelpunkt. Wo eine Gruppe lebhafter Menschen stand, wo gesprochen, gelacht wurde, konnte man sich darauf verlassen, dass sie in der Mitte stand.

Mein Vater warf gelegentlich einen besorgten Blick auf solche Gruppen. Er wusste warum. Und nahm sich vor, daheim darauf zurückzukommen.
Und weil er immer tat, was er sich vorgenommen hatte, kam er am nächsten Abend darauf zurück. Er stellte eine Flasche Wein und zwei Gläser auf den Tisch und begann:
„Ein gelungenes Fest gestern Abend, nicht wahr?"
Meine Mutter, die mit einem Buch neben ihm saß, nickte zustimmend.
„Leg das Buch mal weg", bat mein Vater, „es spricht sich so schlecht, wenn einer liest."
Meine Mutter lächelte: „Willst du mit mir sprechen?"
Er nickte.
Sie machte das Buch zu und sah ihn gespannt an.
„Also los."
Mein Vater runzelte die Stirn ganz wenig und sagte: „Siehst du, du machst es mir leicht. Du bist so ... direkt."
„Ja und?", fragte meine Mutter.
„Ich finde, so geht das nicht. Unter uns, von mir aus, aber in Gesellschaft ..."
„Wieso", frage meine Mutter, „soll ich woanders anders sein?"
Meinem Vater war sichtlich unbehaglich.
„Du wirfst alle in einen Topf, Industrielle und Künstler, Diplomaten und Militärs ..."

Meine Mutter stieß einen dumpfen Laut der Entrüstung aus.
„Ich würde nie mit Künstlern sprechen wie mit Militärs, wie du das nennst. Mit Künstlern, das ist viel anspruchsvoller."
Mein Vater seufzte.
„Ich habe ja nur gesagt: nicht so direkt. Das geht nicht."
„Hör mal", sagte meine Mutter energisch, „das geht überhaupt n u r so. Ich bin wie ich bin, und ich sage, was ich denke."
„Eben", sagte mein Vater, „das darf man nicht immer."
„Aber es ist doch das einzig Wahre", rief sie, „zu sagen was man n i c h t denkt, ist erstens umständlich, zweitens missverständlich und drittens verlogen."
„Du lügst mit der Wahrheit," erklärte mein Vater, „das irritiert die Leute."
„Blödsinn", sagte meine Mutter fröhlich, „die fressen mir aus der Hand - sozusagen."
„Sozusagen ...", wiederholte mein Vater. Er seufzte wieder. „Johanna, gegen dich ist nicht aufzukommen."
„Ach weißt du", sagte sie, ließ das Buch fallen und legte ihm zärtlich den Arm um die Schultern, „sei doch nicht so tierisch ernst. Wer hat dir denn den Floh ins Ohr gesetzt, ich sei so direkt? Hat sich einer von deinen Parkettlöwen über mich beschwert?"
„Im Gegenteil."
„Na siehst du, dann lass mich mal wie ich bin. Das ist doch bisher ganz gut gegangen."
Mein Vater sagte: „Darauf sollten wir trinken." Sie stießen an und lachten. Das klang sehr schön.

Meine Mutter meldet sich immer öfter bei mir.
Bei Tag und Nacht.

Unmissverständlich.
Ich warte auf ihren nächsten Besuch.

Die Toten sind sehr lebendig.

Die gute Anna

Natürlich hatte sie einen Nachnamen wie alle, einen Familiennamen. Eine Familie hatte sie nicht, jedenfalls sprach sie nie davon. Einen Sohn hatte sie.
„Mein ganzer Stolz."
Von einem Mann war nie die Rede.
Wer sie kannte, nannte sie „die gute Anna".
Wie alt sie war? Das ist nicht wichtig. Die erste Jahrhunderthälfte hatte sie sicher. Wahrscheinlich hat sie nie jemand nach ihrem Alter gefragt. Und wenn, könnte er eine kurze Antwort bekommen haben. Worüber sie sprechen wollte, sprach sie, und das suchte sie sich aus.
Sie suchte sich auch ihre Arbeitsplätze aus, genau gesagt, die Herrschaften, wie das damals noch hieß. Die gute Anna nannte sie nicht so.
„Ich schau mir meine Leute an", sagte sie, „bei jedem arbeite ich nicht."
Für wen sie arbeitete, der konnte sich auf sie verlassen, durch dick und dünn und für alle Zeiten.

Sie war groß, kräftig, aufmerksam und freundlich. Rund zwei Jahrzehnte ging sie in unserem Haus ein und aus. Nicht regelmäßig. Ein Anruf genügte, und sie kam. Kam immer, wenn es besonders viel Arbeit gab in Haus und Garten, kam immer gern und froh gestimmt. Sie gehörte zur Familie.

Als unser Hausmädchen, Else, das uns zehn Jahre lang die Treue gehalten hatte, uns bei Nacht und Nebel verließ, aus Angst vor den nächtlichen Fliegerangriffen und meine Mutter keine Hilfe mehr hatte, kam die gute Anna sofort und von da an jede Woche ein- oder zweimal, meistens am Mittwoch. Meine Mutter gab ihr den Abschiedsbrief zu lesen, den sie in Elses Zimmer auf dem Tisch gefunden hatte.

Ich sehe sie noch, wie sie den Brief las, wie sie Tränen in den Augen hatte, aufstand und wortlos aus dem Zimmer ging. Die gute Anna las den Brief, sah einmal auf, ungläubig, schüttelte den Kopf, las weiter. Dann legte sie den Brief auf den Tisch, strich das Papier glatt, sagte: „Das hätte sie nicht tun dürfen. So nicht."

Meine Mutter sagte: „Sie hatte so furchtbare Angst vor den Nächten im Keller. Deshalb ist sie gegangen."

Es klang wie eine Entschuldigung.

Die gute Anna richtete sich kerzengerade auf.

„So nicht, hab ich gesagt. Bei Nacht und Nebel. Und Ihnen diesen Wisch da hinterlassen, mit ‚tut mir leid' und ‚bedauere sehr' und ‚ewigen Dank'."

Sie schlug mit der Hand auf den Brief.

„Und das Ihnen, wo sie wie eine Tochter im Hause war mit Essen und Kleidung und Verreisen ... sie hätte mit Ihnen sprechen müssen."

Sie sah meine Mutter an: „Nun nehmen Sie sich's nicht so zu Herzen. Ich bin ja auch noch da."

Sie kam jede Woche. Eine Stunde Fahrt mit der S-Bahn von Charlottenburg bis Ufastadt-Babelsberg. Zum Waschen, zum Bügeln, zum Putzen.

„Was gibt's denn heute Schönes?" fragte sie und band eine Schürze um.

Die größte Freude hatte sie, wenn meine Mutter sie bat, uns etwas zu backen. Das war im Kriegsjahr 1944 fast ein Geniestreich. Die gute Anna fragte nie, was sie backen sollte und vor allem womit.

Sie fand immer etwas und sie erfand immer etwas.
„Schnurzelchen" taufte sie ein Gemisch aus Roggenmehl, einem Hauch von Fett, einem Esslöffel Magermilch, drei Esslöffeln Wasser, Ei-Ersatz aus der Tüte, einer Prise Salz, zwei Esslöffeln Zucker und drei Messerspitzen Backpulver.
Wir aßen es andächtig.
„Aaah", sagte mein Vater, wenn er Mittwoch abends aus der Bank nach Hause kam, „die gute Anna war da. Es riecht nach ‚Schnurzelchen'."

Sie hat meinen Eltern das Leben gerettet.
Das war 1945.
Der Krieg war zu Ende. Die Eltern hatten alles verloren bis auf das Leben.
In Potsdam hatten sie in einem Zimmer einer schäbigen Hinterhofwohnung Unterkunft gefunden.
Wir hatten sieben Monate lang keine Verbindung.
Ich hatte das brennende Berlin kurz bevor es Frontstadt wurde, verlassen können. Keiner wusste vom anderen, ob er noch lebte.
Was ich weiß, erfuhr ich aus einem Brief, der mich eines Tages erreichte.
Er war von der guten Anna.
„Im Haus deiner Eltern haben die Russen sich eingenistet. Die Bibliothek deines Vaters haben sie im Garten verbrannt. Die vielen schönen Bücher. Den Flügel haben sie zerhackt. Im Badezimmer schrubben sie in den Marmorwaschbecken Kartoffeln und Rüben. Einer hat sich den Kopf im Klo gewaschen. Mit Seife. Und dann hat er auf die Spülung gedrückt. Das habe ich durchs Fenster gesehen. Ich wollte hinein, um für deine Eltern noch was zu retten. Aber es geht nicht. Die Russen schießen."

Jeder, der es miterlebt hat, der es ü b e r l e b t hat,

weiß: die Versorgung mit Lebensmitteln war nach dem Krieg katastrophal. Wer keine Verbindungen hatte, musste verhungern.

Die Mutter hatte auf dem Land ihre Quellen, aber sie waren unerreichbar. Niemand konnte mehr „über Land fahren", mit leeren Körben hin und mit vollen zurück.

Die gute Anna schrieb:

Ich fuhr an einem Mittwoch. Ich hatte den Fahrer mit Zigaretten bestochen. Ich hab bei den Amerikanern geputzt. Da fällt was ab für unsereins. Weißbrot und Schokolade, Nescafé und Erdnussbutter, Corned Beef und Konserven. Ich hab zwei Pakete gemacht, ganz gleiche. Die Weißbrotschnitten hab ich mit Butter bestrichen und dick mit Corned Beef belegt.

Das Zimmer deiner Eltern ist ein Elend. Dunkel und kalt. Der Vater wiegt noch 49 Kilo und ist doch so ein großer Mann. Deine Mutter wiegt 40 Kilo. Sie waren ganz sprachlos, weil ich sie gefunden hab. Mittwoch, wie immer. Ich hab jedem ein Paket gegeben. Ich seh den Vater noch, wie er aufsteht, das Papier abreißt und sich umdreht. Er hat nicht abgebissen wie ein Mensch. Er hat die Zähne hineingeschlagen wie ein Tier. Wir sollten es nicht sehen, aber wir haben's doch gesehen, auch dass er weinte.

Die Mutter konnte nichts essen. Sie war zu schwach. Die zwei sehen aus wie aus dem Nest gefallene Vögelchen. Aber hab keine Angst: ich werde sie durchbringen.

Sie hat sie durchgebracht.

> O Mensch, lerne tanzen,
> sonst wissen die Engel
> im Himmel mit dir
> nichts anzufangen.
>
> *Augustinus*

Unter der Strandhalle

Das Dorf hieß Zingst. Zingst auf dem Darß. Ich weiß heute noch nicht, was das bedeutet. Wahrscheinlich etwas Geographisches. Der helle Klang des kurzen Ortsnamens schien mir immer mit Singen zu tun zu haben. Meine Mutter sang viel.
Ich wage nicht, mir vorzustellen, wie Zingst heute aussieht. Um nichts in der Welt würde ich wieder hinfahren. Oder soll ich sagen: ich gäbe alles in der Welt dafür, wenn ich wieder hinfahren könnte?
Damals war es ein Fischerdorf, und ich war noch nicht ein Jahr alt, als ich zum ersten Mal mit meiner Mutter nach Zingst fuhr. Sie sollte ein Vierteljahr an der See bleiben, ihrer Gesundheit wegen. Mein Vater kam jeden Samstag und fuhr am Sonntag wieder zurück in große Stadt, zur „Bank". Jahrelang sah ich meinen Vater auf einer Bank sitzen wie sie in den Parkanlagen der Städte standen, bis er mich einmal mitnahm und ich umlernen musste.

Meine Mutter und ich wohnten in einem weiß gestrichenen einstöckigen Haus mit tief herabgezogenem Strohdach. Unsere Wirtin war Frau Ebert, eine Kapitänswitwe, wie sie mit ernstem Stolz sagte. Sie

trug lange, schwarze Tuchröcke, die weißen Haare streng nach hinten gekämmt und festgesteckt.
In allen Zimmern hingen sogenannte Seestücke, Ölgemälde, hochglänzend. In einer meist bewegten See schwammen Segelschiffe. Diese Bezeichnung schmerzte Frau Ebert.
Sie wusste sehr wohl eine Brigg von einem Schoner zu unterscheiden.
Die Kapitänswitwe machte uns jeden Morgen ein Frühstück, von dem wir den ganzen Tag leben konnten.
„Frau Ebert ...", sagte meine Mutter überwältigt. Aber sie rückte die Platten mit Wurst, Schinken und Käse, Honig- und Marmeladengläser, Brötchen und Streuselkuchen zurecht und sagte: „Das muss ja s a i n. Essen und trinken hält L a i b und Seele zusammen. Und nun f r ü h s t ü c k e n Sie mal schön und lassen Sie sich auch Z a i t."

Ich konnte noch nicht laufen, da saß ich schon im flachen Salzwasser der See, schrie, wenn ich wieder heraus musste. Wir fuhren immer wieder nach Zingst, zwölf Jahre lang, um viele Sommer zu kurz.

Der kleinste Raum im Hause der Kapitänswitwe lag nicht unter dem tiefen Strohdach, sondern außerhalb auf einer Wiese, auf der auch die hölzernen Pfähle zum Wäschetrocknen standen. Das kleine Haus war aus Holz, das vom Alter silbergrau glänzte, und die Tür trug ein geschnitztes Herz. Zu verschließen war sie von außen mit einem hölzernen Riegel und von innen mit einem eisernen Haken, den man in eine Öse einhängen musste. Zu dem eigentlichen Thron musste man zwei hölzerne Stufen emporsteigen. Es roch nach Holz und Heu, das am Boden der Grube lag und immer frisch aufgeschüttet

wurde. Die Kapitänswitwe betrieb eine kleine Landwirtschaft. Wenn man den runden Deckel abgenommen und sich gesetzt hatte, sah man auf der gegenüberliegenden Wand ein Bild in verblasstem Rotbraun. Ein Druck. Zwei pralle lockenköpfige Engel, den Blick himmelwärts gerichtet. Der eine stützte den Kopf in die linke Hand, der andere hatte die Arme vor sich verschränkt und das Kinn darauf gestützt.
Sie lümmelten.
Die Engel hatten es mir angetan. Beim Frühstück stützte ich die Ellenbogen zwischen Teller und Tischkante auf, das Kinn auf den Fäusten. Meine Mutter war dagegen.
Ich trumpfte auf.
„Die Engel auf dem Klo machen es auch so."
„Auf dem Klo vielleicht", sagte meine Mutter, „aber nicht bei Tisch."
Ich seufzte und sandte einen himmelflehenden Blick nach oben.
Umsonst.
Auch mein Vater kam mir nicht zu Hilfe.
„Das Bild ist unvollständig", sagte er, „da fehlen drei Figuren. Über den Engeln schwebt eine Madonna. Sie wird ‚die Sixtinische Madonna' genannt. Ein berühmter italienischer Maler hat sie gemalt. Er hieß Raffael. Das Bild hängt in Dresden. Wenn du magst, fahren wir mal hin und sehen es uns an."

„Das kleine Fräulein", sagte die Kapitänswitwe zu mir. Später sagte sie „das junge Fräulein". Da ging ich schon ins Gymnasium. Und noch später: „Das Fräulein".
Dann fuhren wir nicht nach Zingst, sondern in andere, größere Orte, nicht zu vergleichen mit Zingst. Wir gestanden es uns nie ein.

Noch aber fuhren wir.
Die Sommer waren heiß und hell und schienen nie zu enden. Der Strand war breit, der Sand feinkörnig und blütenweiß. Wer sich ein wenig umsah, fand Bernstein in allen Farben und Größen.

Die Strandhalle war ein Ausflugsziel für jedes Wetter. Sie war vor allem für Festlichkeiten gebaut worden, Versammlungen aller Art, Bälle, Tanzturniere. Sie stand auch nicht in Zingst, sondern im größeren Nachbarort Prerow. Der mächtige Bau lag auf schweren Balken, die untereinander verstrebt waren, als wäre ein Dachboden statt unter dem Dach unter dem Haus errichtet. Die Balken erhoben sich gut einen Meter über dem sandigen Boden, eine geschützte Fläche, immer voll von Kindern allen Alters.
Dreijährige stapften barfuß durch den Sand, Fünfjährige, Zehnjährige, da hieß es schon den Kopf einziehen, und noch größere, die sich knierutschend oder im Hocke-Watschelgang vorwärts bewegten, laut lachend.

Ich saß meist in der Mitte, an einen Balken gekauert und starrte nach oben wie die raffaellitischen Engel. Oben war Tanzturnier und ich wusste: meine Eltern waren dabei.

Warum war ich weggelaufen, da ich ihnen doch an den langen Winterabenden nicht oft genug zusehen konnte, wenn sie die neuen Tänze ausprobierten. Im Wohnzimmer wurden die Teppiche zusammengerollt. Auf den größten hockte ich mich und sah zu. So lebhaft wie sie sonst im Gespräch waren: probiert wurde fast wortlos. Sie verständigten sich mit Blicken und Gesten. Ihre Ausdauer und

Geduld waren unerschöpflich. Keinen noch so kleinen Fehler ließen sie sich durchgehen. Erst wenn jeder Schritt, jede Drehung saß, waren sie zufrieden. Ob Walzer, Slow-Fox, Tango oder Charleston, sie tanzten alles mit der gleichen Freude. Manches mit Andacht. Ich habe mich, auf dem zusammengerollten Teppich hockend, immer wieder gefragt: wie machen sie das? Woher wusste die Mutter, welchen Schritt der Vater jetzt machen würde, welche Figur unter dutzenden? Auf meine Frage erhielt ich immer die gleiche lächelnde Antwort: „Das weiß man."
Ich beobachtete die Eltern genau. Mit Stolz, mit Begeisterung, mit nicht enden wollendem Staunen. Ihre Füße, die diese gerundeten Schleifen und Bögen zogen auf dem Parkett, die im Charleston kaum den Boden berührten. Ihre Hände, die sich so leicht und sicher hielten, ihre Gesichter, immer wieder ihre Gesichter, in denen eine helle Freude stand, ausgelassen und gebändigt zugleich. Auch die Spur einer leisen Belustigung und eine noch winzigere Spur von Staunen: ihr Tanzgesicht.

Sie hatten viele Gesichter: ihr Lesegesicht, die Stirnfalte des Vaters, ihr Musikgesicht, das ganz weit fort schien, ihr Essgesicht, das mir dankbar erschien, ihr unbeschreibliches Gesicht, wenn ihnen jemand durch Dummheit, Eitelkeit und Arroganz auf die Nerven fiel.

Das Sonnengesicht meiner Mutter, das Arbeitsgesicht meines Vaters. Beide habe ich nie zu stören gewagt.

Da saß ich unter der Strandhalle, konnte noch nicht lesen und schreiben, hörte von oben gedämpfte

Musik, wusste, wer Terpsichore war und ihre Schwestern, kannte die Irrfahrten des Odysseus besser als die deutschen Heldensagen, hörte die Musik und wusste: jetzt traten die Paare an zum Tanzturnier, rannte nach oben, immer im richtigen Augenblick, wenn die Eltern die Tanzfläche betraten, sich verbeugten, sich einander zuwandten, sich ansahen, leicht den Kopf neigten, ohne sich aus den Augen zu lassen.

Die Musik setzte ein und sie tanzten. Nicht für hunderte von Menschen, die die Strandhalle füllten. Sie tanzten, um zu tanzen.

Es gab kein Amateur-Turnier, aus dem sie nicht als Sieger hervorgegangen wären. Wenn die Preise verteilt wurden, wuchs die Belustigung in ihren Gesichtern, besonders wenn es Bücherpreise waren, die die Kurverwaltung ausgesucht hatte.

Die Blumen nahm meine Mutter immer freudig entgegen. Einmal war es eine Marzipantorte mit Silberperlen und einer schwungvollen Schokoladeinschrift: „Den Siegern". Sie schenkten die Torte der Kapitänswitwe, die noch am gleichen Tag ein halbes Dutzend rüstiger Frauen um ihren Kaffeetisch versammelte. Sie besiegten die Torte zur Gänze.

Nicht immer war es unter der Strandhalle frei und offen. So sicher sie an hellen Sommertagen schien, so unsicher konnte sie über Nacht werden.

Wer sagte denn, dass die Balken dauerhaft waren? Stark genug, um den mächtigen Bau für alle Zeiten zu tragen? Oft genug standen sie im Wasser, wenn die See den Strand überspülte. Wo sonst Zuflucht und Geborgenheit war, stand Kälte, Dunkel und Nässe. War die See wieder zurückgegangen, ließ sie dunkelgrauen Sand zurück, nass und schwer, ich betrat ihn zögernd, atmete erst auf, wenn Hitze und

Wind ihn wieder zurückverwandelt hatten, er wieder Sand war, feinkörnig und hell.

Heute Nacht saß ich, hellwach träumend, unter der Strandhalle, erwachsen, an jenen Holzbalken gelehnt, war gegenwärtig in Vergangenheit und Gegenwart zugleich. Hörte gedämpfte Musik von oben, rannte nicht hinauf.

Blieb sitzen, dachte an die vielen Gesichter der Eltern.

Dachte an ihr letztes Gesicht, und wie ich vor der Glasscheibe stand hinter der sie lagen nach jenem Unfall, nebeneinander, mit weißen Tüchern zugedeckt, mit geschlossenen Augen, regungslos, wusste, dass ich sie zum letzten Mal sah.

Sah die helle Freude in ihren Gesichtern, die leise Belustigung, die Spur eines Staunens: es war ihr Tanzgesicht.

Herr Schumann

Hier war der Tattersall unter den hohen Bäumen des Tiergartens, nein, hier, hinter der Holzbrücke, die über das Wasser führte, nein, ich blieb stehen und sah mich um, atmete erleichtert auf. Da lag er ja, unter den hohen Bäumen. Das Tor zu den Ställen stand weit offen, das zur Reithalle war geschlossen. Kein Mensch.

Ich ging schneller. Gleich, dachte ich, gleich. Die Tür zur Reithalle flog auf, und da stand er, unverändert, im Reitdress, die schwarze Melone auf dem Kopf, die Reitgerte in der linken Hand. Herr Schumann.
„Hallo!" ich lief auf ihn zu. Wir schüttelten uns die Hand.
„Lange nicht gesehen."
„Lange - ?" Er lächelte jenes arrogante Lächeln, das mich empört und entzückt hatte, als er mich reiten lehrte.
Ohne Sattel, Steigbügel und Zügel in den ersten Stunden.
Auf dem blanken Pferd.
„Erst lernst du mal fallen. Wer gut fallen kann, sitzt sicher."
Er machte es vor. Rollte vom galoppierenden Pferd ab wie ein Igel, sprang auf die Füße, schüttelte Sand und Staub ab.
„Na los, das kannst du auch."
Er duzte oder siezte seine Schüler nach Belieben.

Ich lernte schnell unter seinen scharf beobachtenden Augen. Er ließ nichts durchgehen, lobte selten. Ein anerkennendes Nicken, das war alles.

„Wie geht es Ihnen?"
„Gut", lachte er, „gut."
„Viel Arbeit?"
„Aber ja. Wollen Sie aufsitzen?"
„Nein, leider. Ich habe gar nichts dabei, bin nur auf der Durchreise hier."
„Schade. Sie waren nicht unbegabt."
Wie lange war das her?
Er sah mich aufmerksam an.
„Woran denken Sie?"
„An Ihre Lektionen im Reitunterricht."
„War's schlimm?"
„... In jedem Falle hilfreich."
„Na bitte", er nickte zufrieden.
„Aber Sie?" fragte ich, „können Sie Ihre Kunststücke noch?"
„Selbstverständlich."
„Nein", widersprach ich, „das können Sie nicht, Sie Aufschneider. Schließlich sind Sie auch einige Jahre älter geworden."
„Seh ich so aus?"
Ich sah ihn genau an. Er hatte noch immer sein rot geädertes Gesicht. Das kam vom Rotwein. Aber es war faltenlos, die Augen hatten ihr scharfes Blau nicht verloren.
„Tatsächlich, Sie sind unverändert."
„Na also. Und die Kunststücke sind auch unverändert. Wetten?"
Ich musste lachen.
„Das haben Sie damals auch gesagt."
„Und habe die Wette gewonnen. Zehn Flaschen Champagner."
„Stimmt. Würden Sie heute noch mal wetten?"
„Sofort."
„Los", sagte ich, „das wollen wir doch sehen."
Er lachte. „Sie dürfen die Pferde aussuchen, auf denen ich reiten soll."

Wir gingen in den Tattersall, an den Boxen entlang.
„Dies", sagte ich und zeigte auf ein mittelgroßes schwarzes Pferd, das mit den Hufen gegen die Holzwände donnerte, „und dies", ein kaffeebrauner Vollblüter mit blitzenden Augen und wirrer Mähne.
Herr Schumann lachte.
„Der eine heißt Diavolo, der andere Tornado. Gut gewählt."
Er nickte mir zu. „Gehen Sie auf die Tribüne. Es sind ohnehin viele Gäste da. Wir haben Publikum."

Ich ging auf die Tribüne. Sie war dicht besetzt, als hätte sich herumgesprochen, dass etwas Besonderes bevorstand.
Aus dem Lautsprecher dröhnte Musik: „Auf in den Kampf, Torero ..."
Ich setzte mich in die erste Reihe.
Die Torflügel zur Reitbahn schwangen auf. Herr Schumann. sprengte in die Bahn, mit einem Fuß auf je einem Pferd stehend, die langen Zügel in der rechten Hand, eine Flasche Champagner in der linken. Die Pferde galoppierten ein Mal um die Bahn. Während der zweiten Runde zauberte der Reiter blitzschnell ein Glas aus der Jackentasche, riss den Korken aus der Flasche, goss das Glas voll, leerte es in einem Zug und warf es mir in der dritten Runde zu. Er rief etwas, das ich nicht verstand. Hatte er „Glück und Glas" gerufen? Ich musste ihn fragen.
Ich betrachtete das Glas. Es war ein altmodischer Spitzkelch von hellbläulicher Tönung mit Goldrand und einem kunstvoll verschnörkelten Fuß.
Es schien mir kostbar. Ich steckte es in meine Jackentasche.

Pferde und Reiter waren zwischen den Torflügeln verschwunden. Alle klatschten wie verrückt, aber die Musik war so laut, dass man es kaum hörte.

„Gewonnen!" rief ich und rannte von der Tribüne. Draußen war es inzwischen dämmerig geworden. Ich hatte eine falsche Tür erwischt, stand plötzlich im Freien. unter den hohen Bäumen.
Wo war der Tattersall, wo waren die Pferde? Wo war Herr Schumann? Ich wollte ihm zu seiner gewonnenen Wette gratulieren und das Glas zurückgeben.
Ich sah mich um, rieb mir die Augen.
Unter einer Laterne saß ein Bettler, die leere Mütze vor sich auf dem Boden.
Ich blieb stehen und legte ihm einen Geldschein hinein. Er machte eine Verbeugung. Es war die Geste eines Mannes von Welt.
Ich bückte mich, sah in sein welkes rot geädertes Gesicht, zu dem die blauen Augen in scharfem Konstrast standen.
„Sind Sie von hier?"
Er nickte. „Das will ich meinen."
„Dann können Sie mir sicher sagen, wo ich den Tattersall finde, der hier ganz in der Nähe steht."
Der Bettler schüttelte den Kopf.
„Nicht doch, hier steht kein Tattersall." Er überlegte. „Aber warten Sie mal. Doch, da war mal einer."
„Aber ich war doch eben noch drin", sagte ich heftig, „bei den Pferden, in der Reithalle, auf der Tribüne ..."
„Das ist unmöglich. Die Pferde sind alle eingezogen worden im letzten Krieg. Der Tattersall ist abgebrannt. Das ist eine Ewigkeit her."
Er wurde lebhaft.
„Warten Sie, ich kann es Ihnen genau sagen, das war ... warten Sie doch, ich kann es Ihnen ... aber so warten Sie doch ..."
Ich bin weggelaufen wie auf der Flucht. Unter der nächsten Straßenlaterne bin ich stehen geblieben.

Das Glas. Ich hatte ja noch das Glas in der Tasche. Ich griff hinein, zog die Hand aber schnell wieder zurück.
Das Glas war nicht mehr da.
Nur Scherben.

Heimkehr in die Fremde

Das erste Stofftier, die erste Puppe, die Gesichter vergisst man nie. Auch viele andere nicht, wenn es nicht zu viele werden. Auch die Namen. Es kann sein, dass man Jahrzehnte lang nicht daran denkt. Eines Tages fallen sie einem wieder ein, Gesichter und Namen. Wozu? Was soll man damit anfangen. Lächerlich. Man beschließt, alles wieder zu vergessen.

Eines Tages kam ich unversehens wieder in die Stadt. Nach Jahrzehnten. Erledigte, was ich zu erledigen hatte, führte Gespräche mit freundlichen Menschen, die ich zum ersten und vermutlich zum letzten Mal sah, blieb.

Die vergessenen Erinnerungen ... das erinnerte Vergessen ... Mir war unvernünftigerweise wieder eingefallen, was ich vergessen hatte und vergessen wollte.
Ich ließ mein Gepäck im Hotel, nahm die S-Bahn, fuhr eine Stunde, stieg aus. Die Station hatte noch den gleichen Namen, der See war unverändert. Jetzt noch einen Kilometer zu Fuß durch den Wald, aus dem Wald heraus, über die Straße, da stand es. Ich kannte es wieder auf den ersten Blick, obwohl Haus und Garten wie unter einem leichten Nebelschleier lagen. Es sah schäbig aus, verwahrlost. Der Putz war abgeblättert, die Fenster blickten stumpf. Verblichene Gardinen dahinter. Kein Mensch, keine Katze. Die vier Steinstufen vor dem Haus hatten Sprünge. Die Rotdorn-Allee war abgeholzt, der

Garten verwildert. Die Haustür stand weit offen. Ich ging hinein, läutete und klopfte nirgends, stieg auf der rund geschwungenen Treppe in das Dachgeschoss. Auch hier war keine Tür verschlossen.

Ich wusste, dass die Russen, als sie am Ende des Zweiten Weltkriegs das Haus besetzten, und plünderten, seine Bewohner unter dem großen Ahorn zusammengetrieben und erschossen hatten. Nur zwei waren entkommen, die sich auf dem Dachboden versteckt hatten.

In einer Wand des Dachbodens war eine Tür eingelassen, die sich in nichts von der Wand unterschied. Sie hatte auch kein Schloss und keinen Schlüssel. Hinter einer hölzernen Leiste war ein kurzer Hebel. Wenn man ihn bewegte, sprang die Tür auf.

Ich bewegte ihn. Das Licht einer Bodenluke fiel auf den Waschkorb, der am Boden stand. Ich wusste, was in dem Korb lag. Er war mit einem Wachstuch zugedeckt, das sorgfältig an den Rändern festgedrückt war. Ich nahm es langsam weg, auch die Wolldecke darunter.

Da lagen sie, durch die Jahrzehnte unverändert, kein Stäubchen an Gesichtern, Haaren, Kleidern und Fell: Puppen und Tiere, meine ersten Spiel-Freunde.

Ich hob sie vorsichtig aus dem Korb. Die Puppen machten die Augen auf und blickten unter geraden Wimpern geradeaus. Puppen und Tiere rochen nicht muffig, nach Vergessen, sie waren frisch und entsetzlich lebendig.

Ich setzte sie auf den Boden: die große Annemarie, die langhaarige Traudel. An ihren Haaren, echten Haaren, hatte ich das Zöpfeflechten gelernt, erst mit drei, später mit vier Haarsträhnen, die kleine

Edith mit den gemalten Augen und dem rotweiß getüpfelten Kopftuch.

Der Affe Coco grinste noch immer über ichweißnichtwas. Ich hob ihn auf und legte mir seine langen Fellarme um den Hals, erschrak vor seinem nahen spöttischen Gesicht, setzte ihn hastig neben den Korb, griff nach dem Bären Petz. Er war immer noch weicher als alles Weiche in der Welt. Da saßen wir und sahen uns an. Sie hielten es länger aus als ich.

Ich griff nach der Puppe mit den echten langen Haaren, zog eine Zopfschleife auf. Das Haar fiel in drei dicken lockigen Strähnen auseinander. Wie viele Jahrzehnte war es nicht geflochten worden? Ich flocht den Zopf neu, hastig und sehr fest, band ihn mit einer Schleife zu.

Ich fuhr auf. Was war das? Es war kein Mensch, kein Geräusch, kein Tier. Es war die Stille. Eine Stille, wie ich noch keine erlebt hatte.

Totenstille.

Ich sah sie an, Puppen und Tiere. Sie hatten sich verändert. Hatten sie das Licht nicht ertragen? Hatten sie Masken angelegt? Sie waren alle zurückgeblieben in einer Zeit, die ich mit den Kinderschuhen vertreten hatte. Zwischen uns lag ein Abgrund.

Etwas griff nach mir, ein Schwindel, ein Nebel um Kopf und Augen. Ich nahm die Spielfreunde, einen nach dem anderen, und legte sie in die Kissen zurück. Die Puppen machten die Augen zu, die Tiere legte ich auf die Seite, dass ich aus ihrem Blick kam. Dann breitete ich die Wolldecke und das Wachstuch wieder über den Korb und drückte alles sorgfältig an den Rändern fest.

Ich stand auf, bewegte den kleinen Hebel, den die Russen nicht gefunden hatten, sah, wie die Tür sich schloss. Der Schwindel im Kopf wurde stärker, der

Nebel dichter. Ich tastete mich die Treppe hinunter, ein Fuß nach dem anderen, die Hand am Geländer.
Die Haustür stand offen. Kein Mensch. War das Ich, die hier einmal gewohnt hatte?
Wer war das, der jetzt durch die offene Haustür ging? Ich hatte bekommen, was ich mir heimlich gewünscht hatte. Der erfüllte Wunsch hatte mich aus dem Paradies der Erinnerungen vertrieben.
Es gab nur noch eins: gehen, schnell gehen, sich nicht mehr umdrehen.

Doch.
Ich drehte mich um, glaubte nicht zu sehen, was ich sah.
Die alte Kiefer am Gartenzaun. Warum hatte ich sie nicht gesehen, als ich kam? Warum stand sie noch da?
Jeder Baum war geschlagen worden in den Kriegs- und Nachkriegsjahren. Die Winter waren lang und kalt.
Warum stand sie noch?
Die letzten Strahlen der Sonne fielen in die dunkle Krone, auf den borkigen Stamm der alten Fichte, färbten ihn feuerrot.
Sie war es noch.
Die Sonne auch.

Streifzug durch B.

Ich läute. Meine Mutter macht die Tür auf. Wir umarmen uns, als hätten wir uns eine Ewigkeit nicht mehr gesehen. Dann lässt sie mich los.
„Da ist noch wer."
Ich falle meinem Vater um den Hals. Meine Mutter fährt sich über die Augen.
„Wollen wir nicht gleich gehen?"
Ich bin sofort dabei.
„Und du?"
„Eigentlich", mein Vater zögert, „hätte ich noch zu tun."
„Das hast du immer", sagt meine Mutter resolut, „komm mit, sonst tut dir's vielleicht leid."
Wir brechen auf.
Ich staune, wie gut die Eltern aussehen, wie leicht sie gehen. Sie sind nicht mehr die Jüngsten.
„Sieh dich um", sagt die Mutter, „du warst lange nicht hier."
Ich sehe mich um. Deshalb bin ich gekommen. Wie die Bäume gewachsen sind. Hier, an der berühmtesten Straße der Stadt, wachsen sie in drei Reihen, bilden mitunter grüne Dächer, durchlässig für die Sonne. Platanen, Platanen, in den Nebenstraßen Linden. Etwas hat sich gründlich verändert, aber das ist wohl überall so. Die Stadt hat keine Straßen mehr, nur noch Parkplätze. Auto an Auto.
In der Prachtstraße Schaufenster an Schaufenster. Hinter den spiegelnden Scheiben Erlesenes zu sündhaften Preisen. Die Scheiben sehen zuverlässig aus.
Das trügt.
Da ist es wieder: das nächtliche Geräusch von Metall auf Glas, Schläge mit Eisenstangen und schweren

Schraubenschlüsseln auf klirrendes, splitterndes Glas, straßenentlang, während kräftige Männer und flinke Strichmädchen Pelze und Schmuck zusammenraffen, in wartende Autos springen, auf und davon sind, während aus der nahen Synagoge Rauch und Feuer steigt.

Am anderen Morgen sind die Straßen bedeckt von zerschlagenem Glas, knirschend unter den Schuhen. Glitzerstraßen, Splitterstraßen, Kristallstraßen. Mein Vater dreht sich um und sieht mich an. In seinem Blick erkenne ich, dass er weiß, woran ich mich erinnere. Wir gehen.

Ich versuche es mit gespielter Heiterkeit. Ich sage: „Lachen tät ich, wenn Kasimir plötzlich auftauchen würde. Es ist doch seine Stadt."

Als wäre das ein Stichwort, springt Kasimir hinter einem dicken Baumstamm hervor. Er trägt eine verblasste Uniform, die er nicht ganz ernst zu nehmen scheint.

Die Eltern sind nicht überrascht.

Sein jungenhaftes Lachen hat er behalten. Er freut sich, seine Freunde wiederzusehen. Er reist viel, war länger unterwegs.

„Ist d a s schön", er umarmt meine Mutter und mich gleichzeitig, schüttelt meinem Vater die Hand. Er sieht meine Mutter dankbar an.

„Wie das ist, wenn man nach langer Zeit zurückkommt, immer ein frisches Bett, immer ein warmes Essen, eine Tasse Kaffee."

Meine Mutter nickt ihm zu. Mein Vater klopft ihm auf die Schulter.

Wir gehen. Wir kommen an einem Eiscafé vorbei, Ecke Witzlebenstraße.

„Lachen tät ich", sage ich, aber ich komme nicht weiter. An einem der kleinen runden Tische sitzt

Gretel, die Freundin vom ersten bis zum letzten Schultag, bis zum Abitur und darüber hinaus.
Sie lacht.
„Ich bin ganz zufällig hier. Und ihr?"
Wir auch. Wir sind alle ganz zufällig hier. Wir setzen uns zu ihr.
„Weißt du, was das für ein historisches Café ist?" fragt sie. Natürlich weiß ich's. Hier hat sie mir die Interpunktion beigebracht. In drei Stunden und mit je drei Portionen Eis. Meine Aufsätze im Gymnasium waren immer „sehr gut", aber die Interpunktion katastrophal.
„Und du willst ein Schreiber werden?" hatte Gretel gefragt, „unmöglich. Also komm, das kann man lernen, wo ein Komma steht und wo nicht. Man kann's auch mit der Interpunktion sagen."
„Du warst großartig", sage ich, „was jahrelang kein Lehrer geschafft hat, hast du in drei Stunden geschafft." Plötzlich denke ich: sie weiß viel mehr als ich, nicht nur über Interpunktion.
Ich frage:
„Was hast du gespielt in der letzten Zeit?"
Ich habe sie in ihrer ersten Rolle auf einer Studiobühne in dieser Stadt gesehen. Als „Rose Bernd". Später an anderen Bühnen als „Franziska" in Lessings „Minna von Barnhelm", als „Gretchen", als „Maria Magdalene", als -
„Ein verrückter Beruf", hab ich gesagt.
Und sie: „Dichter ist genau so verrückt."
Ich frage noch einmal: „Was hast du gespielt?"
„Alles", sagt sie kurz.
Es klingt, als sagte sie die Wahrheit.
Ich frage: „Wohnst du noch in der Dernburgstraße 9?"
Sie schüttelt den Kopf.

„Schon lange nicht mehr." Sie schaut weg, sieht plötzlich blass und angestrengt aus.

Ich sehe auf die Straße.

Ein kleiner untersetzter Mann im graugestreiften Anzug kommt langsam näher. Gretel wird wieder munter.

„Ich werd' verrückt, das ist doch der Heun."

Er steht schon an unserem Tisch, mit blitzblauen Augen, korrekt gezogenem Scheitel, dem Zahnbürstel-Schnurrbart unter der Nase.

Er legt Gretel die Hand auf die Schulter.

„Brav, mit dir hat's nie Schwierigkeiten gegeben."

Gretel sieht mich belustigt an, flüstert mir zu:

„Er hat sich gar nicht verändert."

„Dass wir uns hier treffen, Herr Heun", sagt meine Mutter.

„Warum?" Er macht eine Handbewegung, als wäre das eine Erklärung, „die Schule ist ja nur ein paar Schritte weiter."

Das stimmt. Das rote Backsteingebäude steht unverändert. Er wendet sich zu mir, packt mich am Kinn, wie er es immer mit Schülern tat, die ihn ärgerten, schüttelt meinen Kopf hin und her.

„Na, schreibst du noch immer mit der linken Hand?"

„Nein", sage ich und mache mich los, „das haben Sie mir leider ausgetrieben."

„Leider -", sagt er entrüstet.

„Dafür", sage ich beharrlich, „bin ich sonst ausschließlich ein Linkshänder - bis auf's Schreiben."

„Ärgere ihn nicht", sagt mein Vater, „er hat's gut gemeint."

Wir gehen durch den nahe gelegenen Park. Im Gehen fällt mir ein, was für ein Unterschied das ist, ob man sich in einer Stadt ergeht, oder ob man sich eine Stadt er-geht. Die Bäume, grün und gold, ich kenne sie fast alle. Sie sind älter als ich.

Und als wäre auch das Gehen ein Stichwort, stehen wir vor dem bronzenen Denkmal mit der schlanken Gestalt, die Hände zum Mund erhoben, zum Ruf, gehen um den Sockel herum, lesen die Inschrift: „Ich gehe und gehe und rufe: Frieden, Frieden, Frieden." Petrarca. 1304 - 1374.
Mein Vater nickt meiner Mutter zu. Beide sind plötzlich sehr ernst.
Wieder an Häusern vorbei, schönen alten Häusern, die zwei Kriege überlebt haben. An manchen Türen neben den Haupteingängen ein weißes Emailschild mit schwarzer Schrift „Eingang für Dienstboten und Lieferanten".
Kasimir bleibt stehen, liest mit zusammengezogenen Brauen.
„Eine Schande."
„Komm", sage ich, „darüber solltest du doch hinaus sein."
Er schüttelt den Kopf.
„Wenn man als Kind gedemütigt worden ist, darüber kommt man nie hinaus."
Ich bleibe etwas zurück, überwältigt von Erinnerungen. Plötzlich möchte ich nichts mehr sehen. Ich schließe die Augen. In diesem Augenblick höre ich laut und grell das Boschhorn des Rettungswagens. Ich reiße die Augen auf. Nichts. Die anderen scheinen nichts gehört zu haben. Ich versuche es wieder und wieder, und immer wieder, wenn ich die Augen schließe, das gellende Tatü, Tatü.
Noch etwas fällt mir auf, was unerklärlich ist: wir haben in ganz kurzer Zeit lange Strecken zurückgelegt, von einem Stadtteil zum anderen. Wie ist das zugegangen? Ich will den Vater fragen, komme aber nicht dazu, denn auf einer Parkbank unter einem blühenden Jasminbusch sitzt Lebbin. Er steht auf, als er unsere kleine Gruppe sieht, kommt auf uns zu, mittelgroß, dünn, sommersprossig, mit ver-

beulten Hosen, wie immer.
Die rötlichen Löckchen trägt er kurz geschoren. Warum hat auch er sich überhaupt nicht verändert? Ich habe doch alle so lange nicht gesehen.
Jetzt steht er vor uns, lächelt mit schmalen Lippen, ist wie immer zu scheu, uns zu umarmen.
„Lebbin", sagt mein Vater, „wo waren Sie die ganze Zeit?"
„Weit weg", sagt Lebbin freundlich. Es ist immer dasselbe. Man bringt nichts aus ihm heraus.
„Sind Sie noch rausgekommen?" fragt mein Vater.
„Wir haben Angst um Sie gehabt", sagt meine Mutter.
Lebbin lächelt ihr zu. Seine ganze Verehrung liegt in diesem Lächeln.
Er nickt.
„Wie lange ist das her?" fragt mein Vater und sieht meine Mutter hilfesuchend an. Ich sehe, dass sie Schwierigkeiten mit der Zeitrechnung haben, sogar Herr Heun.
Wir gehen schweigend weiter.
Keiner sagt mehr etwas. Als wir wieder an die Prachtstraße kommen, fangen die Glocken der Gedächtniskirche an zu läuten.
Ich drehe mich um.
„Von dem Turm fehlt ja die Spitze."
„Na hör mal", sagt meiner Mutter, „das solltest du wissen. Dein Gedächtnis ..." sie bricht ab.
„Ich weiß es nicht mehr", sage ich heftig, „ich habe das Gefühl, als zögen Nebel durch meinen Kopf und vor meine Augen."
„Das geht vorbei", sagt meine Mutter. Ihre Stimme klingt entfernt.
Plötzlich zuckte es messerscharf durch mein Herz, ein schmerzender Schnitt. Mein Kopf war im Nebel, mein Herz dachte glasklar. Wo waren sie hergekom-

men, die Eltern, die Freunde, mit denen ich gelebt hatte, die längst nicht mehr lebten. Wo war die Antwort?

Ich riss mich zusammen. Es kostete mich eine Anstrengung, die mir den Atem nahm.

„Wenn es hier zu Ende geht", sagte ich in die Richtung, in der ich meine Mutter vermutete, „ich meine, wenn das hier alles aus ist -"

„Aus ...", ich hörte sie lachen, „lass dir nichts vormachen. Zukunft haben wir immer."

Catarina Carsten

5412 Puch bei Salzburg, Bachweg 162

Die Schriftstellerin und Journalistin lebt in der Nähe von Salzburg. Sie schreibt Lyrik und Prosa, Hörspiele, Bücher für Film und Fernsehen, Bühnenstücke.

Veröffentlichungen in den Verlagen:
Herder, Otto Müller, Edition Doppelpunkt u.a.

Rundfunk: Und lass dir's wohl gefallen, Hörspiel
Das Land hinter dem Mond, Fernsehspiel für Kinder

Literaturpreise:

Rauriser Kurzgeschichtenpreis 1977,
Wiener Alma Johanna-Koenig-Preis 1977,
Preis für Christliche Literatur (Kurzprosa),
Lyrikpreis St. Johann 1982,
1. Marktschreiber von Rauris 1984.

Etliche Jahre war die Autorin Präsidentin
des P.E.N.-Clubs Salzburg.

Buchveröffentlichungen:

Morgen mache ich das Jüngste Gericht,
Gedichte aus der Anstalt

Psychisch krank,
Bericht einer Journalistin aus einer offenen Nervenklinik

Herr Charon,
Geschichten
Was eine Frau im Frühling träumt,
Alltagsbeobachtungen mit leichter Feder notiert
Der Teufel an der Wand,
Kindergeschichten für Erwachsene

Sind Sie etwa auch frustriert?
Geschichten

Der Fall Ottillinger,
eine Frau im Netz politischer Intrigen - Biographie

Wie Thomas ein zweites Mal sprechen lernte, Bericht
über eine neue Therapie

Das Tal vor meinem Fenster,
Arbeitsbericht des 1. Marktschreibers von Rauris

Meine Hoffnung hat Niederlagen,
Gedichte

In der EDITION DOPPELPUNKT:

Nicht zu den Siegern,
Gedichte 1994

Wenn es am schönsten ist,
Erzählungen 1995

Zwischen Rose, Chimäre und Stern,
Gedichte 1996

Hungermusik,
Erzählungen 1997

Das Beste von der Welt,
Kindergeschichten für Erwachsene 1998

Im Labyrinth der tausend Wirklichkeiten,
Gedichte 1999

Auf Nimmerwiedersehen,
Berliner Kellernotizen 2001

Aus dem Programm der EDITION DOPPELPUNKT:

Anton Wildgans - *Tiefer Blick* (Gedichtauswahl, Tagebuch-notizen, Briefe, Fotos)

Erika Mitterer: *Das gesamte lyrische Werk* in 3 Bänden, mit dem gesamten Briefwechsel mit Rainer Maria Rilke *(vergr.)*; *Alle unsere Spiele*, Roman; *Dramen*, Bände 1 - 3; *Erika Mitterer - Eine Dichterin - ein Jahrhundert (vergr.)*

Dieter Berdel: *fost kane rosn; ann und pfirsich; Nansens Ferse & andere Verfrorenheiten; Wer lachen kann, hat mehr vom Leben* (gem. mit R. Topka); CD: *Bredl & Nogl*

Beppo Beyerl / Andreas Ortag: *Thaya*, Gedichte und Fotos

Dagmar Fischer, *Von keiner anderen Wahl*

Alexander Giese: *Tigersöhne*, Roman; *Wüstenwind und Rosenschatten*, eigene Lyrik und Lyrik von Omar Khayyam

Joachim G. Hammer: *Dunkelrote Mischung*, Dreizeiler; *Frostspanner*, Lyrik

Semier Insayif: *69 konkrete annäherungsversuche*

Rudolf Kraus: *ich bin mein treuer killer; die sinne verwildert; Hoamat strange Homeland*

Hahnrei W. Käfer: *Friedlieb-Scheukind-Scheinspiel* (lyrische Prosa); *Ein Laptop im Gras* (Meta-Haiku)

Wolfgang Kindermann: *Fremde Zungen; Kojenschlaf* (Lyrik)

Klara Köttner-Benigni / Etela Farkasova: *Zeit der untergehenden Sonne* (deutsch/slowakisch); *Widmungen* (Gedichte, deutsch, tschechisch und slowakisch)

Dorothea Macheiner: *Yvonne - eine Recherche*; (Trilogie); *Ravenna, Rom, Damaskus* - vom Reisen

Florica Madritsch-Marin: *Die Farbe des Mohns; Nocturne* (Lyrik)

Herbert Pauli: *Um uralt Recht und Herkommen*, Roman *(vergr.)*; *Im Keller der Most* (Lyrik); *Dingis* (Kurzprosa)

Hilde Schmölzer: *Das Vaterhaus*, eine autobiogr. Erzählung

Petra Sela: *zögernd das sonnenlicht* (Haiku); *Leda und der Schwan* (Gedichtzyklus); CD: *Waun i duachn Brooda geh*

Maria Stahl: *Die Farben meiner Umarmungen (vergr.)*; *Die Jahre tragen Patina* (Lyrik)

Traude Veran: *So gern ich Wien hab - an sich; Mein Gott, Österreich* (Lyrik)

Eleonore Zuzak: *Von der Hand in den Mund gelebt; erfahren - erlebt - erdacht* (Lyrik, Prosa, Hörspiel...)

Anthologien des Österr. Schriftstellerverbandes (Hrsg.):
Vom Wort zum Buch - Lyrik; *Gedanken-Brücken* - Prosa

(eine kleine Auswahl aus dem Programm)

Wenn die Erinnerung atmet
Gedichte über die Kindheit

Dieses von FLORICA MADRITSCH MARIN und ELISABETH SCHAWERDA herausgegebenen Buch bietet einen repräsentativen Querschnitt österreichischer Lyrik zum Thema „Kindheit", mit Kurzbiografien und Fotos aus der Kindheit von 25 Autorinnen und Autoren:

Catarina Carsten
Ernst David
Stephan Denkendorf
Elfriede Gerstl
Peter Henisch
Margarethe Herzele
Emmerich Lang
Florica Madritsch Marin
Friederike Mayröcker
Doris Mühringer
Helmut Niederle
Dine Petrik
Gerhard Ruiss
Elisabeth Schawerda
Robert Schindel
Evelyn Schlag
Ferdinand Schmatz
Julian Schutting
Erich Sedlak
Petra Sela
Stanislav Struhar
Ilse Tielsch
Sylvia Treudl
Peter Turrini
Hannes Vyoral